· 经典珍藏 ·

吴清源手谈秘籍镜鉴

刘乾胜　刘乾国　李炳文　编著

时代出版传媒股份有限公司

安徽科学技术出版社

图书在版编目(CIP)数据

吴清源手谈秘籍镜鉴 / 刘乾胜,刘乾国,李炳文编著. --合肥:安徽科学技术出版社,2019.1(2023.4重印)
(经典珍藏)
ISBN 978-7-5337-7476-9

Ⅰ.①吴… Ⅱ.①刘…②刘…③李… Ⅲ.①围棋-对局(棋类运动) Ⅳ.①G891.3

中国版本图书馆 CIP 数据核字(2018)第 002789 号

吴清源手谈秘籍镜鉴　　　　　　　　　刘乾胜　刘乾国　李炳文　编著

出 版 人：丁凌云　　　选题策划：倪颖生　　　责任编辑：倪颖生　王爱菊
责任校对：岑红宇　　　责任印制：梁东兵　　　封面设计：吕宜昌
出版发行：安徽科学技术出版社　　　　http://www.ahstp.net
(合肥市政务文化新区翡翠路 1118 号出版传媒广场,邮编:230071)
电话：(0551)63533330
印　　制：唐山富达印务有限公司　　　　电话：(022)69381830
(如发现印装质量问题,影响阅读,请与印刷厂商联系调换)

开本：710×1010　1/16　　印张：13.75　　字数：247 千
版次：2023 年 4 月第 2 次印刷

ISBN 978-7-5337-7476-9　　　　　　　　　　　　定价：55.00 元

序

历史有多久,就会看到有多远。懂得琴棋书画的人都知道,围棋起源于中国,蕴含着汉民族文化的丰富内涵,是中国文化与文明的体现。围棋聚天地之灵气,集日月之精华,蕴藏了无穷无尽的智慧,有令人欲死欲仙的魔力。古往今来,众多哲人、隐士、棋手穷尽一生研究,都未能参透围棋的奥秘。千古无同局,人生一局棋,围棋的格言解释了许多人生经验。中国国家主席习近平曾说:"围棋中包含人生与世界的战略。"

围棋是在开放的棋盘上落子,对弈时有平衡自我保护和扩大地盘两种需求,在一个宽广的战线上包含了几个相互影响的局部战场。围棋对弈不在乎一城一地的得失,而要胸怀全局的胜负。曾访问过中国的前美国国务卿基辛格在《论中国》一书中说,围棋在空地上移动,采取相对优势和长期包围,逐步削弱对方的战略潜力。

围棋表面虽朴实无华,实则暗涛汹涌,千变万化。围棋中的打劫,喻示了人生也有劫难,不会一帆风顺,在顺境中应谦虚谨慎,在逆境中需坚忍不拔。行棋者应注重修炼棋道、重塑性格,在人生的航行中调整好自己的目标。围棋的布局就是人生的规划,需借精妙的构思下好人生的第一步棋。"棋错一着,满盘皆输",警示特别深刻。

围棋的中盘战斗阴云密布,雷声滚滚,恰似人在错综复杂的社会谋生,异常艰辛。围棋中的"相思断"描绘了人的情感;围棋中的"长生劫"引诱人去颐享天年;围棋中的"大局观"培养人的高瞻远瞩;围棋中的格言"入界宜缓",告诫人在不熟悉的环境中要谨言慎行;围棋中的"弃子争先",教诲人放弃人生中不重要的得失,把握大的乾坤,化被动为主动。收好官子,做到无欲无求,静若止水,不得贪胜,享受人生成长的全过程,不让悔恨遗留给后代去偿还。

围棋战略有以攻为守、围魏救赵等,战术有暗度陈仓、金蝉脱壳等。哲学中庸,围棋和谐,异曲同工,穷尽了哲理与棋理。天上有日月,围棋有黑白,二者十分巧妙地演绎了自然界的春夏秋冬和东南西北。围棋下在棋盘上即不能移动,这是静态的美学,表明时间一去不复返,青春、人生渐行渐远,应当珍惜。棋盘上棋越下越多,表明空间越来越少,这是双方用尽心机战斗形成的城池地盘。静默下的杀机,精确与模糊,虚无缥缈与锱铢必较,神机妙算,黑白轮回,周易乾坤,谁胜谁负,自有评说,对弈者享受的是战斗的愉悦、人生的变幻及生命的激情。退去激战的硝烟,去掉似死似活的棋子,还原棋盘的空灵与平静,棋盘中心有一点叫天元,藏于天体之中,这是人至生至死最想了解宇宙奇观的神秘盲点,这是宇宙中心。所以说,围棋是一个小宇宙模型,在我国远古时代,围棋是占卦天气变化的工具。

"山不在高,有仙则灵,水不在深,有龙则灵""棋不在色,有变则灵"。东汉史学家班固曾说:"围棋上有天地之象,次有帝王之治,中有王霸之权,下有战国之事,览其得失,古今略备。"古代帝王将相、才子佳人下围棋更多的是将其作为一种高贵的修为,或者说是将其作为一种衡量文人才华的尺子。古代四大文学名著的作者罗贯中、施耐庵、吴承恩、曹雪芹都深谙此道,他们以棋会友,从容谈兵,追求的是一种宁静与淡泊的艺术氛围,现代人下围棋就像穿越时空与古代圣贤对话手谈,这是一种熏陶、一种理性的培养过程,它可以让浮躁的心沉静下来,最终归于一种深沉质朴的思想境界,即使身心疲惫、诸多烦恼,也可以感受到庄严的力量。

花不可无蝶,山不可无泉,石不可无苔,水不可无藻,乔木不可无藤萝,人不可无嗜好。有花之芳香,有山之清泉,有石之青痕,有水波之潋滟,有藤萝之攀援,天高云淡,了然胸襟,手谈之趣是焉。围棋人都渴望顶上功夫,然而,最痛苦的是,真正抵达绝顶之后才发现其无趣和无聊。幸好,这样的事百年难遇,吴清源算一个,李昌镐也算一个,连在他们俩人之间,有很多平凡和不平凡的人。《吴清源手谈秘籍镜鉴》一书,试图从围棋、文化、思想、棋理等方面解读一代宗师吴清源。或许,在他光辉的身后,能看到自己的身影。

刘乾胜

目　　录

第1局　日本第二期名人战

黑方　吴清源九段　白方　藤泽朋斋九段

（黑贴五目　共135手　黑中盘胜　弈于1963年6月9、10日）

吴清源　解说

第一谱　1—14

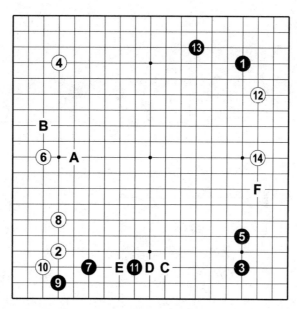

图 1-1　实战谱图

图 1-1　白2、4构成二连星后，黑5单关守角，是近年来流行的布局之一，并且采用这种布局非常多。

白6按一般常识的着法，是右边14位分投。白6可高一路投，构成三连星。三连星与本谱的着法，各有所长短，不能一概而论。低投则黑有A位的镇着，高投则留有黑从B位打入之隙。

黑7占14位，当然是取得均衡的大场，可是下一步白占C位，形成展开两翼的形势。

白8关是通常的应法。黑9在以往是占D位拆三的大场,但黑拆三后白于9位跳是好点,以后便有E位的打入。

故黑9如谱飞角,在11位拆二,是易下之形。

下一步白从何处入手呢?当然是右边。白如于14位分投,则黑于F位飞拦,将形成白12挂、黑13大飞的局面。今白12先挂角,是白的趣向。

黑13如照——

图1-2 黑1夹的走法,推定白2点三·三,以下到白10为止,黑棋的外势虽好,但白方也成为幅度广阔的布局,而且就局部来说,白棋已得了实利。

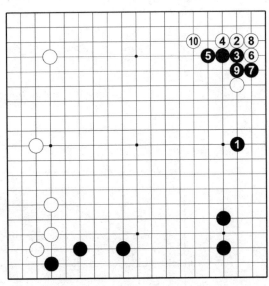

图1-2

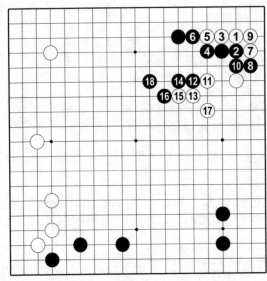

图1-3

由于上述种种原因,所以黑13选用了大飞。

白14如立刻点三·三,则如——

图1-3 至黑10接为止走成典型的授子棋定式,双方可行。

围棋院士1 1950年2月26日的《读卖新闻》报道:日本棋院首先赠予了吴清源先生"名誉院士"的称号,待本社主办的吴清源轮战高段者十番棋结束之后,又参照了吴先生以往的比赛成绩,决定赠予他九段段位。该决定交付十五日下午的理事会讨论,全体一致通过。

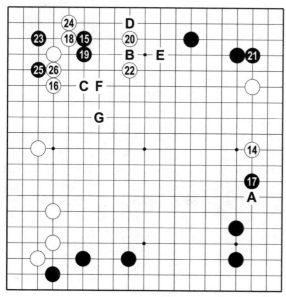

图1-4 实战谱图

第二谱 14—26

图1-4 白14拆颇具策略。

围棋院士2 日本棋院将于二月二十二日上午十一时为吴先生举行证书赠予仪式。吴清源说:"我有幸取得了好成绩,并承蒙日本棋院决定赠予我九段段位,我准备接受这一赠礼,并对此表示感谢。今后,我将通过围棋为中日两国的友好及文化交流做出更大的贡献。"

图1-5 黑此时如在1位拦,虽是好点,但白2立即点角,以下至黑17为止,白有18位断的严厉着法,黑也势必19位断,白20打、22接后,由于白有◎子的接应,黑在此作战中就很麻烦。

黑15挂是识破白14的意图而建立的对策。黑15后白若再来点角——

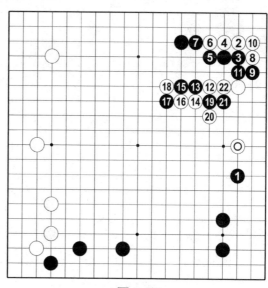

图1-5

图 1 - 6 白 1 至 15 虽与图 1 - 5 相同,但黑 16 可平心静气地长一手,由于黑已占得△位的好点,黑 16 的长是可以忍耐的。如果没有黑△子,黑 16 长后白即于 A 位大飞,黑不满。

实战白 16 如于 A 位拆是非常好的点,但——

棋　理

围棋是最古老、最原始、最接近自然的一种游戏,它富有哲理而浑然天成,天荒地老也不会淘汰。

图 1 - 7 黑 1 点角至 5 长,由于上边阵势广阔,黑可下。

黑 17 是当然的大场。

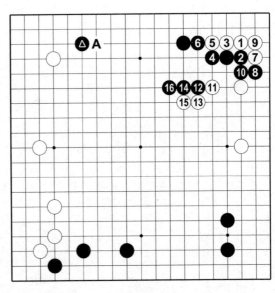

图 1 - 6

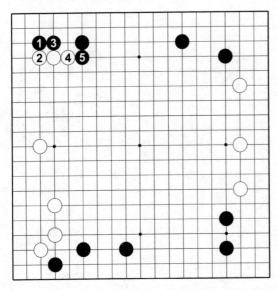

图 1 - 7

白 20 可于 B 位高一路夹击,但是黑就毫不迟疑,即脱先于 21 位立补角,以后白如于 C 位镇,黑也可于 23 位点角转换,因有 D 位的缺口,黑 15、19 两子就轻了。

黑 21 如于 22 位镇,被白于 E 位飞,黑无急攻的好手。

对付白 22,黑如于 F 位飞逃,正好符合白的作战计划。对白方来说,于 G 位镇,悠悠而攻,不论如何走,都为白所掌控。今黑23点角转换，简明，并有试应手之意。

白24如照——

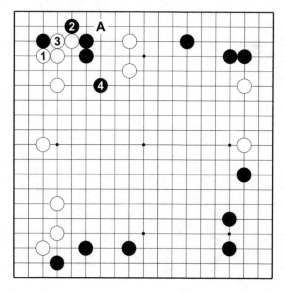

图1-8

图1-8 让步于1位挡，黑2扳，白3接，黑棋就能于4位飞逃了，这时黑已破了角空，同时还有A位的虎着，易成眼形，同样是逃，但是非常有利。

所以白24立用强。黑25定型，白下一步如照——

围棋院士3 吴清源和藤泽库之助的第一次十番棋对战在1951年10月20日的日光市的轮王寺开始下的。规定时间每人各13小时，采用3日制。

图1-9 于1位冲、3位挡时，黑4可于5位接。今黑4冲出更为紧凑，白5、7两打以下至黑10为止，乍一看全部成为白地，似乎黑损，其实此处尚留有黑A、白B、黑C、白D、黑E的手段，以及F位压等。这样黑充分可战。

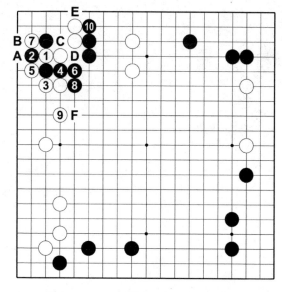

图1-9

第三谱　27—46

图1-10　黑27于28位接，白27曲，黑37尖活角的下法是消极的，不好。黑27至白30是必然的应对。

黑31扳当然。

围棋院士4　开战前夜，在东京乐町的"读卖大厅"里举行了庆祝会。以"吴·藤泽十番棋之夜"为题，作家松村梢风，将棋名人木村义雄分别发表了演讲。

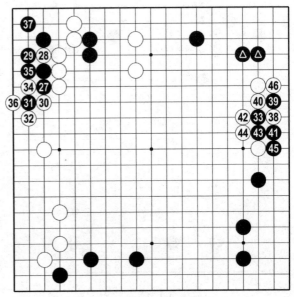

图1-10　实战谱图

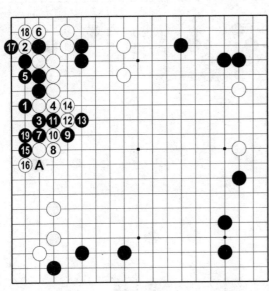

图1-11

图1-11　以后白2断不是好棋，以下进行至黑19为止，黑已活，而且留有A位断点，白若补断则成后手，白不好。

因此实战白32连扳是此场合的好手。黑33如照——

围棋院士5　接着，藤泽秀行六段和山部俊郎五段进行了快棋表演赛，吴和藤泽库之助两人担任解说，大厅热闹非凡。

经典珍藏

006

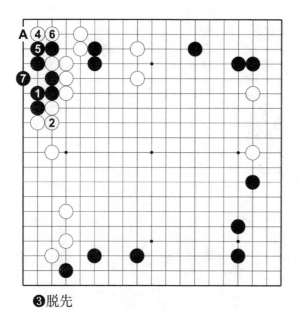

❸脱先

图 1－12

图 1－12 于 1 位接，白 2 也接，此时黑棋虽可先手活，但白 4、6 的攻击令黑颇为难受，况且白还有 A 位的先手。图中黑 5 如于 6 位则——

围棋院士 6 两人在下十番棋的同时，还以《朝日新闻》为舞台下了四番棋。这四番棋采用互先的对局方式，规定黑方贴目为四目半，时间和十番棋一样每人各十三小时。

藤泽在四番棋中遭到四连败，虽说四番棋上输棋也是输，但这四番棋没有采用升降制。

图 1－13 黑 2 挡至 9，黑角成劫活。

谱中白 32 时黑脱先，白也不能全部吃掉黑子，因此黑 33 于右边落子，是早已准备狙击白棋之处。

白 34 如于 37 位觑——

围棋院士 7 四番棋输了也不会在对局方式上体现水平的差别，换句话说就是，四番棋不如十番棋重要。十番棋方面这时已下完了四局。与四番棋结果相反，藤泽以两胜一负一和领先。

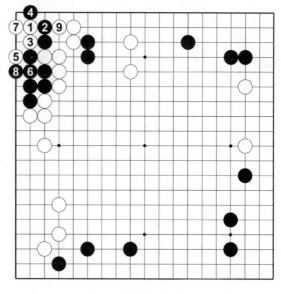

图 1－13

图1-14 白1觑断，黑2、4两打弃内取外与白作转换。白7提子之后，白1成为废子，白多下了一手，这个变化是黑好。谱黑37做活以后的形状与图1-12相比，其实得失难说，但谱中黑棋形状稍优。这也是黑33脱先的理由。

白38托，只此一手。

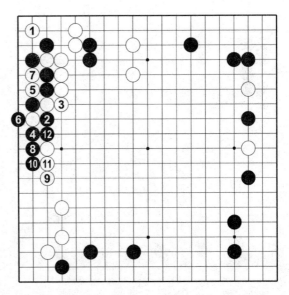

图1-14

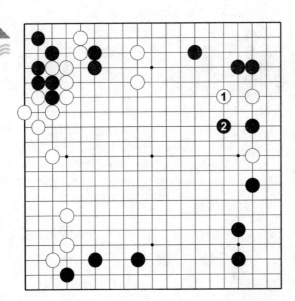

图1-15

图1-15 白若1位关，则黑也于2位关，白有两处孤子，难受。

实战黑39扳的方向对。

围棋院士8 可是，第5局是改变胜负趋势的分水岭，藤泽自此开始，在计算上不断失误，连战连败，在升降关口的第九局中又失掉了一局不该输的棋。

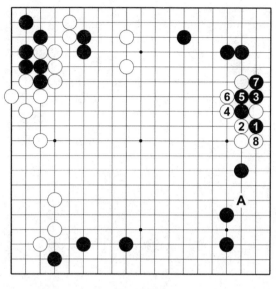

图 1 - 16

图 1 - 16 如在 1 位扳,至白 8 为止,由于以后可于 A 位打入,黑不好。

[定型后的判断是衡量水平的一个标准,这种基本功很多人没注意。——编者注]

实战白 40 至 44 是拆三被打入时常用的腾挪手段。下一步黑 45 在 46 位渡是违反棋理的。

黑 45 从这一面渡回是正着。

白 46 打,因黑 ▲ 两子坚固,所以无关痛痒。

第四谱　47—59

图 1 - 17 黑 47 应保留,此手于 48 位断怎样?

围棋院士 9 如果最初藤泽胜了第 5 局,则其成绩就是三胜一负一和,即使下面 5 局连败,也不至于被打入先相先的境地,那样的话,吴的精神负担就加重了。

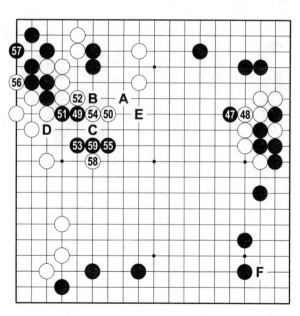

图 1 - 17　实战谱图

图 1-18　黑 1 至 8 是必然之着, 黑 9 如勉强尖封白棋, 则白 10 扳、12 夹好, 黑 13 虎不得已, 以下至白 22 提活, 黑无趣。

上述过程中, 黑 13 不虎而于 A 位打, 则成——

围棋院士 10　第 9 局吴胜三目, 通算成绩为吴六胜二败一和, 对局方式为先相先。第 10 局吴执白中盘胜, 这是压倒性的胜绩。但是, 吴赢得并不轻松, 比赛过程中危机四伏, 常常可能"一着不慎, 满盘皆输"。

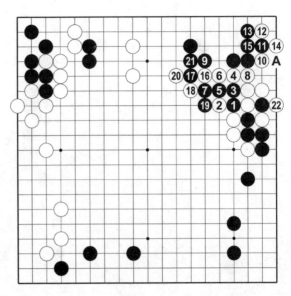

图 1-18

图 1-19　黑 1 打无理, 以下应对至白 10 为止, 黑棋全部被擒, 因此黑 47 虽不能立即于 48 位断, 但如谱黑 47 觑失去了图 1-18 的余味, 不好。此时黑 47 应立即于 49 位下子。

黑 49 的觑断, 当然是希望白棋——

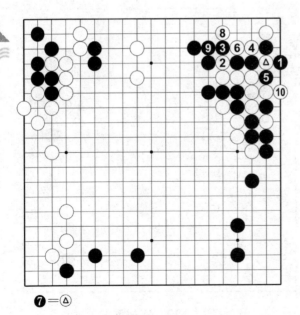

❼=△

图 1-19

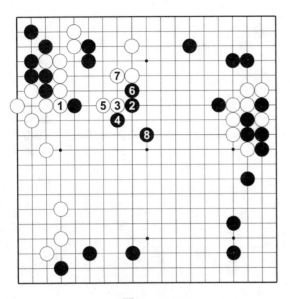

图 1－20

图 1－20 于 1 位接，黑 2 镇轻灵，白如 3 位靠，则黑棋运用弃子战术至黑 8 的结果，在中腹方面黑棋由此四子与下边的形势相呼应，更加壮大了下边的声势。

实战白 50 反击是当前的好手。下一步黑如于 A 位穿象眼，白便于 B 位尖，大规模攻击黑棋。

黑 51 断，为白所诱，走重了。此手应于 55 位镇，才是轻灵的好手。白如于 C 位尖应，则造成黑 A 位穿象眼的机会，此外白又难于 B 位尖。

因此当黑于 55 位镇时，白大致如——

图 1－21 于 2 位关补，黑 3 断，白 4 挡后，黑如走 5 位，则黑 1、白 2 的交换是一种先手便宜。

谱黑 55 如于 D 位打，白 56 便粘，这个先手便宜不走为好。

围棋院士 11 吴说："围棋不是想赢就能赢的。外界总是在骚动，我的心如果因这种骚动而动摇，我就会输棋。幸好当时无论对局前还是对局中，我的心情都很平静。"

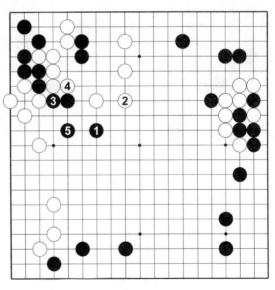

图 1－21

图 1－22　黑有 1 位靠、3 位虎的要着。而先于 A 位打则是自紧一气。

今黑 55 位关,白不回于 E 位应。图 1－21 黑棋的走法是先手得利,好棋。

现在分析全局局势,对上边和左边的白地,黑有从下边至右边再加右上角,地域对比不差。问题在于中腹黑四子的安定,而且还要不影响下边,对白方来说攻这块黑棋就容易在下方黑地使用手段。

白 58 先手觑,趁机使黑棋走重,并非没有好处。黑 59 接后,下一手白棋倒不大好走。如要攻击

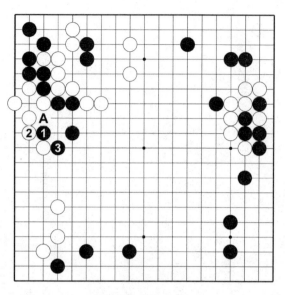

图 1－22

此处黑棋,马上还寻不到严厉的手段。现在的局面下,白棋只有在下边动手,于 F 位靠最为适合。

第五谱　60—78

图 1－23　白 60 打,不是期待黑逃两子,而是防黑于 A 位穿象眼。可是此时白 60 如不走而黑立即于 A 位下子,则白可于 B 位尖,黑也怕形成上下两处弱棋,不易下。归根到底,白

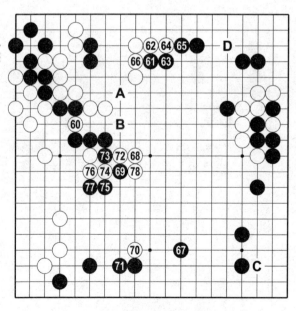

图 1－23　实战谱图

60 只是局部好棋，从全局来看应于 C 位靠。

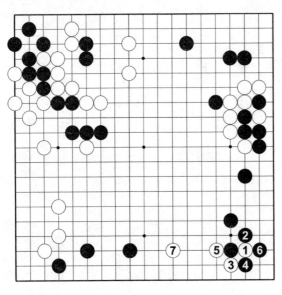

图 1－24

图 1－24　至白 7 为止破掉下边黑空，是最后的大场。

白 62 如于 66 位接，被黑先手得利必有不甘，且以后被黑在 62 位立成为大棋。

黑 65 先手防止白于 D 位打入。

围棋院士 12　NHK 的话筒又对向了藤泽。"输得太惨了！"藤泽苦笑道。但他随即又提出了下一次十番棋的挑战。这一次（第二次）十番棋开始之前，吴与藤泽曾约定不管这次谁输了，负方可以再次挑战。

图 1－25　白 1 打入亦不能活。过程中黑 6 尖好。

实战黑 67 是好点，可以说是最后的大场。至此双方在实地上已有相当的差距，白棋只能寄希望于进攻中央黑棋。可是黑方有可能舍弃中腹三子。要攻中腹，白 68 是适当的好点。

此时黑 69 飞仍旧是要着，有相机弃子的运用，颇为轻松。

白 70 是决战的侦察，

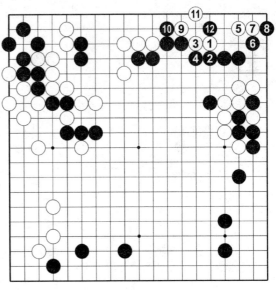

图 1－25

是准备于 72、74 位切断之前试探对方应手的下法。

黑 71 冷静。黑 71 向左面长后——

图 1-26 白如于 1 位长，想得先手，黑定不应而于 2 位飞攻进行反击，白 3 曲时，则黑 4 飞出，照应中腹黑子，下一步黑如得到 A 位压，则攻守的地位一变，而成黑棋攻击下边三子了。因此白 1 长的着法是不行的。

实战黑 75 打、77 压，采取弃子的下法避免艰苦的战斗。

白 78 如不打——

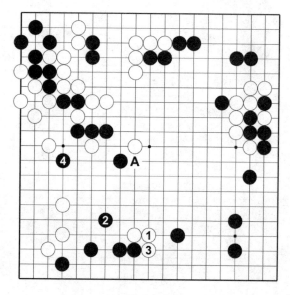

图 1-26

图 1-27 白 1 长，黑 2 压有力，白 3 如曲，则黑 4 落得扳，以下至黑 6 接为止，下边的形势更加厚壮，白侵消困难。

［吴清源的棋弃舍灵活，大局在胸，这正是围棋的精髓。——编者注］

围棋院士 13 吴与藤泽的第三次十番棋在 1952 年秋开赛。藤泽被打入长先后，一怒之下脱离日本棋院。

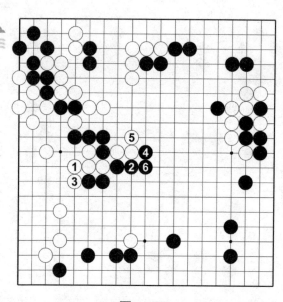

图 1-27

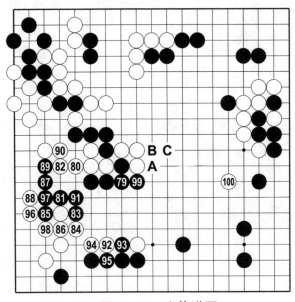

图 1－28　实战谱图

吴清源手谈秘籍镜鉴

图 1－28　黑 79 粘实，至此黑方已感到可以控制全局了。黑 81 是袭击的要点，此时白如于 97 位扳，黑于 82 位顶，即可吃到白棋四子，因此白 82 长不得已。

黑 83 上扳，意在形成中腹的厚势。此时白于 85 位立，则——

图 1－29　黑即于 2 位长，白 3 如于 4 位曲让黑长到 3 位，白无法忍受；但白不于 4 位曲而于 3 位长，则黑即于 4 位挡，破白左边。如此黑完全连接没有缺陷，对白方来说是不愉快的。

实战白 86 接成愚形虽然难受，但如果让中腹黑棋与下边简单连接就乏味了。由此也可知白 84 的虎也是藤泽九段不拘泥于形的强手。白 88 如照——

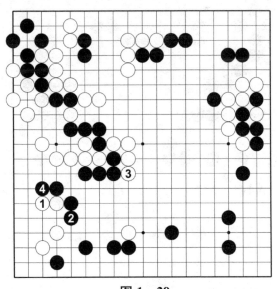

图 1－29

图1-30 于1位断则是普通的下法，以下大致弈成至8为止的运行。以后如果被黑飞到A位，白棋也没有眼，白棋不满。

谱中白88是手筋，黑如于97位接，则白棋可于91位断，此时再与图1-30比较，由于白88先手与黑97作了交换，在黑棋眼位方面就有了差别。

黑89如于96位挡则如——

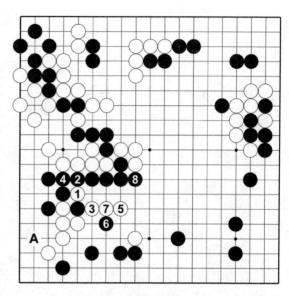

图1-30

图1-31 白于2位断，黑3位打，白4断打成大劫，因此谱黑89先手挤断后再于91位接，好。这之后96位的挡才成为要点。

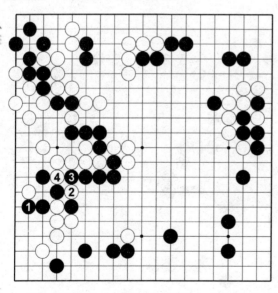

图1-31

实战白92跳隔断黑上下的联络，贯彻最初的作战计划。下一步黑如于96位挡擒白一子，虽是大棋，然而白于93位接实，也非常厚实。

白96、98若不把此处白棋安定下来，以后的棋就不好下。黑99挡后下边已可收成大空，下一步黑于A位扳，白B位长，黑再于C位连是严厉之着。

黑长到99位，黑胜势。白100按常识应如——

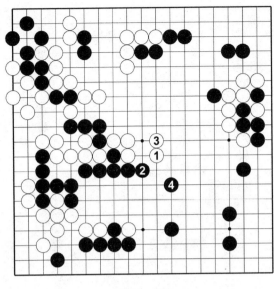

图 1 - 32

图 1 - 32 于 1 位关，以下至黑 4 为止之变化，黑成大空。由于白方感到实空不足，便于 100 位侵消，然而稍无理。

棋　性

围棋辩证法是最原始、最根本、最全面、最彻底的辩证法，即使围棋水平很一般的爱好者，也一定能感受到其中辩证法的存在，同时也能感受到人的灵性存在。

第七谱　1—35
（即 101—135）

图 1 - 33 白 8 虎补

不能省——

棋　语

笔者在 2011 年 6 月出版的《秘籍剑客·围棋技术情报解密》的附录 1 《世界智运会设立电脑程序棋赛》一文中写道："世界智运会设立电脑程序棋赛，尤其是电脑程序围棋比赛，我们就找准了一个方向，有希望更深刻、更全面的了解围棋，揭开围棋这座迷宫……""阿尔法狗"的惊人问世，是不是与笔者的推理不谋而合呢？

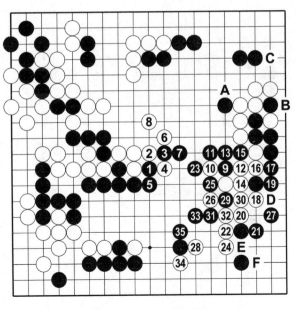

图 1 - 33　实战谱图

图 1－34 白若脱先，被黑1点中要害，白没有好棋可走。

［吴清源的棋弃而不死，总能有所用，这是他最厉害的地方。］

实战黑9靠后，第六谱白100这一过分之着终于遭到反击。白10如按——

棋 剑

十年磨一剑，一着天下寒。

棋盘静不语，弈者手微颤。

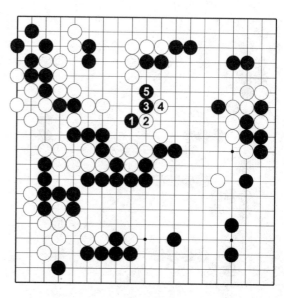

图 1－34

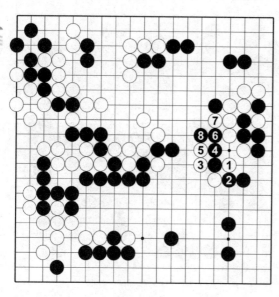

图 1－35

图 1－35 于1位扳，以下至黑8可以跑出，由于右边白棋无眼位，要兼顾两处是不可能的。

实战黑11连扳是要着，下一步——

沈君山文

世人常说世事如棋，其实何尚如世事。棋之争也公开，而输赢也清白，初未知世事之胜负荣辱，其得失之道又仿佛相吻合。

018

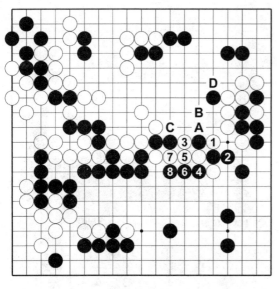

图 1－36

图 1－36 白如在 1 位打，以下至黑 8 为止，黑棋放弃攻击转而封成下边大空，胜定。过程中黑 4 于 A 位长出也是好棋。白仍 5 位接，黑于 B 位再长后，或于 C 位曲，或于 D 位长吃右边白棋，二者必得其一。

实战白 12 打、14 接，在黑包围中求活，虽毫无把握，但不如此走空即不够，故只好如此拼命，是"玉碎"的下法。黑 23 如按——

图 1－37 于 1 位虎也是好棋。白如 2 长、4 接，则黑 5 关，吃住右边白棋，让中腹白棋做活，也很好。

由于白扳到谱中 A 位后可能多少有些手段，因此黑 23 虎打防此手段。

黑 25 提后，再长到 A 位后，白如于 B 位提，则黑即于 C 位立，夺白眼位；白如于 D 位挡，黑可于 29 位打，白接，黑 32 位断，白气不够。

白 26 扳后，黑 27 如不尖渡，则白于 B 位提成为先手。角中白如于 E 位冲，则黑可应于 F 位。黑 29 打后，白如不应而于 34 位扳，则黑于 30 位提白五子，黑胜定。

白 30 接后黑 31 打破

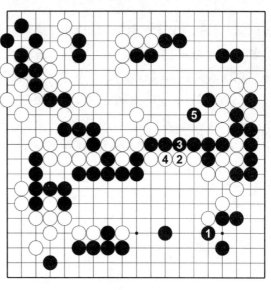

图 1－37

白眼位,白已不能成活。黑35上立,白已死。

图1-38 白1至黑10为止,白死。此后白如于A位虎,则黑可于B位飞。若图中白1不跳而单于A位虎,则黑于1位尖,白也不活。

[这局是吴清源简单明快的胜局,弃子、腾挪、攻击,一气呵成,浑然天成。——编者注]

棋 侠

海内存知己,天涯若比邻。

东瀛岛国界,浮身国粹棋。

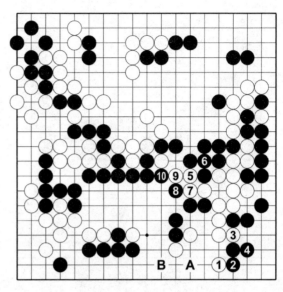

图1-38

对局中,要时刻睁大眼睛,保持头脑清醒。面对错综复杂、变幻不定的棋局,在每一个当前局面保持冷静,努力去寻找当下最符合局面规律的一手,要同时兼备正确的思路和准确的计算。胜负常常在你不经意的一瞬,也在你的一念之间。

第2局　日本第二期名人战

黑方　藤泽秀行名人　白方　坂田荣男本因坊

（黑贴五目　共291手　黑胜12目　弈于1963年9月3、4日）

吴清源　解说

第一谱　1—27

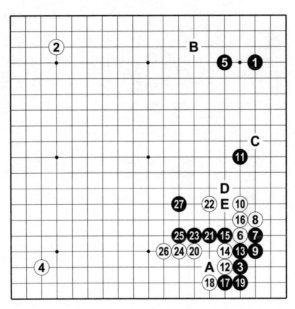

图2-1　实战谱图

图2-1　白6选择高挂是因为右上为单关角。如果右上角黑5是低一路的无忧角，白6则会于7位低一路挂，理由是：实战走成黑7、白8、黑9、白10、黑A、白C的定式后，右上角黑单关缔角的局面是白方有利，因为白方以后还有于B位挂的严厉之着。而右上角如果是无忧角，白占B位则无关痛痒。右下白方挂角的位置随右上黑方守角形状的不同而变化，上述意义是理由之一。

黑11亦有在A位拆一的下法,那样白12于C位斜拆三。因为白在C位拆是好点,所以黑于11位先拆的下法也可考虑。

白12也选择了普通定式。此手如照——

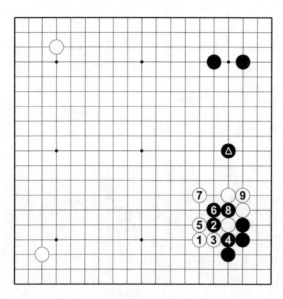

图2-2 白选择柔软的下法也能成立。由于黑❶一子紧逼白棋,白1飞也有避开激战的意思。即使黑2严厉地夹,白也有3到9的腾挪手段,黑不好。

实战黑13、15断打严厉,均为继续贯彻黑11夹击的作战策略。

黑17注重角部。

独收万虑心,

于此一枰竞。

——宋·欧阳修

图2-3 黑也可于1位

图2-2

长,以下至白14为止是老定式,白活。黑虽暂得外势,但留有A位跨出的手段,总不干净。

[新定式白2单在4位立。]

谱白20跳是棋形。黑27认为应先于D位觑一着,白如E位接,则黑D位之觑便起了极大作用。因此白方当然不肯依照黑方的意图走棋。

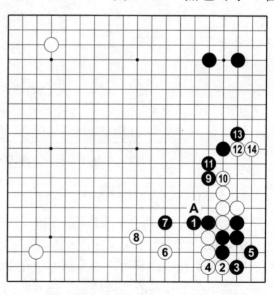

图2-3

图 2-4　黑 1 觑后，白可采取 2 扳、4 压的走法。高川君与坂田君的一局棋中，坂田君执白棋是于 4 位压的，黑 5 冲、7 断，白 8 虎后，黑 9 长，此着虽说应于 A 位曲较好，但白有 10、12 先手曲、扳（征子对白有利），以下至 24 定型，假使真能走成本图的结果，白棋可着。然而图中黑 9 不长而于 A 位曲，白似较难措手。

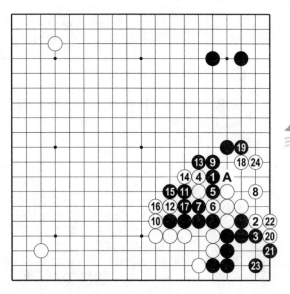

图 2-4

因此，如果黑于 1 位觑，期望走成图 2-4 的结果是不可能的。那么，黑如果真于 1 位觑，白棋将何以应呢？据坂田君称——

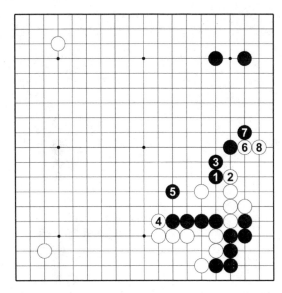

图 2-5

图 2-5　黑 1 觑，白 2 会从下方长，至 8 为止做活。黑棋局部虽然封锁了，但棋形不厚，白可以接受。此图与图 2-3 大同小异。

围棋静思 1　满天下都在注目七番胜。

赛前预测是双方势均力敌。秀行、坂田的决战，不仅对局者精神昂奋，相关人士的神经也高度紧张，让爱好者如此狂热的比赛真是少见。

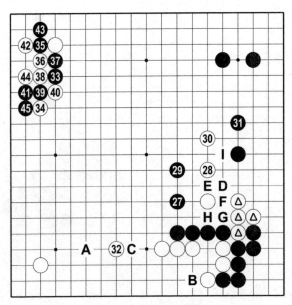

图 2-6 实战谱图

图 2-6 黑 27、29 是当然之着，白 30 则可商榷。

图 2-7 白 1 位尖，待黑 2 长后白 3 虎，先将此处走好也是一策。以下黑 4 打入，双方着至白 7 为止，局面从容不迫。白 1 尖、3 虎，此处走厚之后便有 A 位的打入；白 5 因黑中腹单薄，并非单方面受攻之形。

实战白 32 之着，长谷川七段认为应于 A 位围，理由是：谱中 32 围

后，由于黑有 B 位夹，下边成空不大，因此不如着重于角，补在 A 位。

当初，如果白 30 依照图 2-7 的下法，右边白棋已经走好，白于 A 位围可以成立。现右边白棋薄弱，白如围在 A 位，黑即有 C 位打入的严厉下法，因此白 32 拆仍属本手。

黑右下方告一段落，转占 33 位的大场。现在黑如于 D 位觑，将如何呢？对此，白有无下边白 32 这一

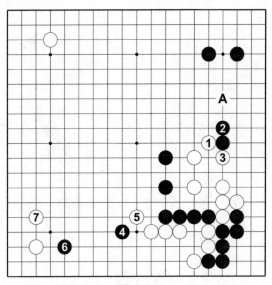

图 2-7

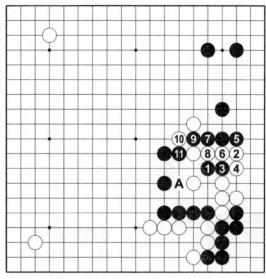

手棋,着法也根本不同:如果已有白32,下边白棋就不惧被攻,因此黑于D位觑时,白可舍弃△四子;当白32未走之前,白就不能放弃△四子,因为一旦放弃,中腹黑棋便坚强起来,那时黑再从C位来攻,颇为厉害。

如预先考虑到上述作战方针,黑31倒有考虑的必要。那时黑如D位觑,白E位接不好(以照应白△四子为基本条件)。白如E位接,黑不可立即冲断(黑F位冲、白G位挡、黑H位断时,白可枷吃黑两子)。因此为防止白枷吃,黑D位觑,白E位接,黑先I位觑,白便困苦:白如接实,黑便可于F位冲断。因此白棋只有按——

图 2-8

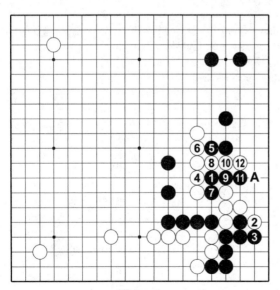

图 2-9

图 2-8 黑1觑时白2于下方小飞,以下应对到黑11,黑厚(黑于A位双是先手,中央黑子颇为坚实)。

[解说极为透彻。]

谱中已有白32这一手,黑如仍于D位觑——

图 2-9 黑1点,白2先手便宜一下再4位接正确,黑7冲时,白8反冲机敏,以下至12,这个变化黑棋并不便宜。黑还须在A位防一手。

因此,回顾黑31虽属

常识下法,但当时走 D 位觑是个机会。黑 39 挖,次序要紧。白 40 从上面打是普通的着法。

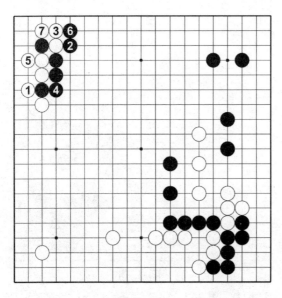

图 2 - 10

第三谱　45—68

图 2 - 11　黑 45 曲在征子有利的条件下是成立的。

围棋静思3　击退高川取得本因坊三连霸后不久,又进行了名人战循环圈赛的最终局,战胜了吴清源取得挑战权的坂田,跃跃欲试地登了场。

图 2 - 10　白 1 从下面打虽然也是定式,但应对至白 7 以后,由于黑棋形成坚厚的外势,右边白有弱子,因此白不能采用这一走法。

谱黑 45 曲寻求变化。

围棋静思2　从藤泽手中夺到名人,是坂田的第 27 个冠军。这场世纪决战引起了当时围棋界的大骚动。

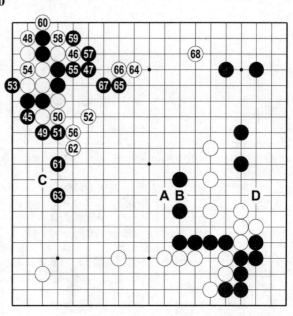

图 2 - 11　实战谱图

图2-12 黑若征子不利,则白可1位接。以下A位的征和B位的扳,白必得其一,黑崩溃。

白如避免黑走45位曲的定式,可先于A位觑,黑B位接后,征子即对白有利,黑便不能运用上述定式。然而白A与黑B的交换,白棋也难以下出手。

围棋静思4 悠闲等待的名人秀行和日程过密而棋风又如浪潮汹涌的挑战者坂田,就如将豪放和细腻对比,其感觉是截然不同的。

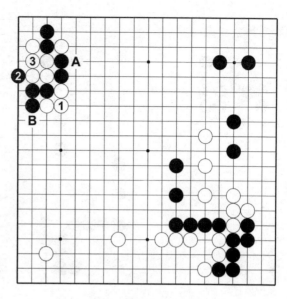

图2-12

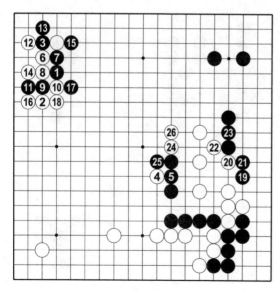

图2-13

图2-13 黑3托时,白4先与黑5交换,然后白6扳、8长,由于征子不利,黑15已不能走16位曲,因此走成普通定式,黑19飞攻是要点,十分严厉,以下至白26为止,白方脱出险境。坂田君认为白4与黑5的交换白不利,有将黑右边走厚之嫌,不太情愿。

白50定式选择正确。

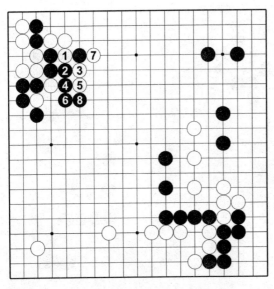

图 2-14

图 2-14 白于 1
位冲,到白 7 止也是定式,
但此局面下不恰当,因白 7
打后,黑 8 是全局的好点,
被黑曲到 8 位,白不好。

黑 53 如照——

围棋静思5 同是大
正年间出生,坂田比秀行大
5 岁,两人的棋风和性格犹
如水和油,完全相反。当时
的围棋撰稿人,曾对这次名
人和本因坊的对决,以异常
的兴奋之情大肆渲染。

图 2-15 黑 1 靠,是
当时的要点,虽然也是定
式,但遭白 2 虎至 6 飞,从
上面围,稍欠舒畅。以下至
13 止虽能成活,但白 14 以
左下角三·三拆过来,是个
好点。这样被围住与白棋
作战的策略相违背,因此黑
于谱中 55 位接实是正着。

白 56 如照——

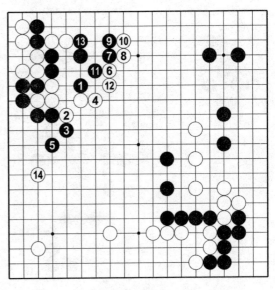

图 2-15

经典珍藏·

图 2 - 16 白 1 长不
失为好点，也是定式，但至
黑 6 为止，由于盘上的白棋
都很单薄，白不好。

实战白 62 是要点——
即使从右边白棋的关系来
看也是要点！现在局面的
关键是黑于右边 D 位的进
攻。黑如抓住机会走此手，
便是占到了攻防战中的
要害。

黑 63 如于 C 位守虽然
坚实，但因局面上方才是战
略重地，因此黑 63 选择高
位补棋。白 64 逼是攻防要

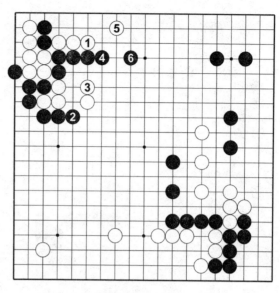

图 2 - 16

点，黑 67 出头后，白 68 进一步拆三斜飞，在上边开辟阵地。

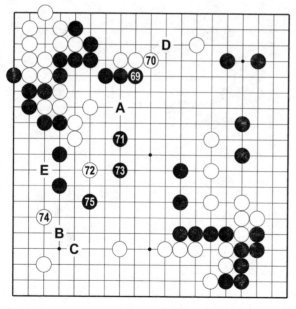

图 2 - 17　实战谱图

第四谱　69—75

图 2 - 17　黑 69
果敢。此手如于 A 位
关，则白于 72 位飞出，黑
B 位拆、白 C 位飞，其后
黑于 D 位打入严厉，搜
刮白根据地，本身也得到
足够的眼形，并且实地所
得也大。谱中黑 69 压，
舍弃上述有力下法，不知
是否下定了决心？如此
进攻一旦失利，以后便苦
于弥补，这种地方要有
决断。

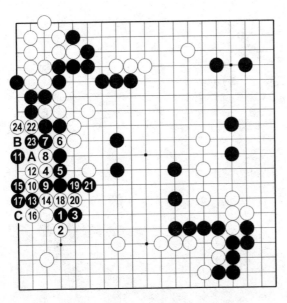

图 2 - 18

白 74 如于 75 位关,被黑拆到 B 位,白在下方应手困难。今 74 拆二是相当厉害的一手,是看到于 E 位觑进行反击的一手。E 位的觑隐藏着转换、对杀及其他复杂的变化。[这是坂田厉害的地方,治孤不忘反击,注重实空。]

图 2 - 18 袭击中腹白棋,黑 1、3 是常识下法。如此则白 4 觑反击,由于黑 5 实接,可以断言黑恶。白 6、8 冲断至 10 扳时,黑 11 是此际的要着。此手如简

单于 13 位扳则不行,因为白于 A 位立黑即失败。现在进行至黑 15 扳,白四子被吃。然而此处白棋有妙手,白 16 至 20 先得到下方的利益,更生出 22 打、24 立的手段(此时黑如 B 位吃白两子,白便 C 位打吃,黑崩溃)。

再退回到前面来说——

图 2 - 19 当白 4 觑时,黑 5 只有挡(黑 5 如 A 位挡,白仍有 B 位冲断之着),如此便形成白 6 至 10 的转换。再继续下去黑方

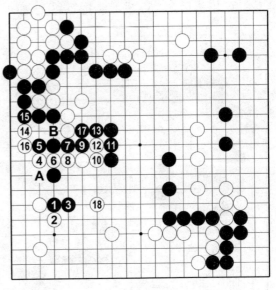

图 2 - 19

就难以有如意的处理,假使黑 11 接,白 12、14 巧妙收官,而且 16 退是先手,

黑 17 接后,至白 18 为止的转换,白棋围到下边全部的地域,因此是白好。
而且图中黑 17 如果不应——

图 2-20 黑若脱先,白 1 断,以下至 11 成劫,黑经受不起如此重大打击。

实战黑棋看到上述潜伏着的复杂手段,置之一边,而走 75 飞,这一着也具有微妙的手段。

围棋静思 6 在七番胜负开始阶段,坂田以细棋取得两连胜。但其后名人秀行的卷土重来十分猛烈,反而以三连胜把坂田一下子打入到逆境。

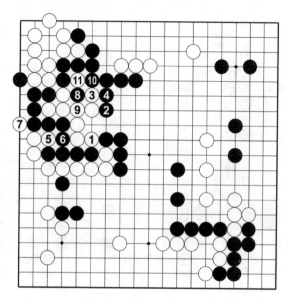

图 2-20

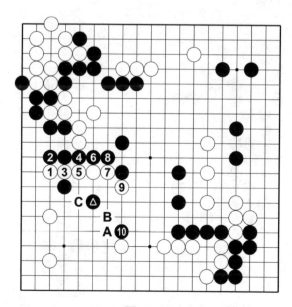

图 2-21

图 2-21 白如 1 位觑,则成至黑 8 的转换,白 9 扳时,因有黑△一子,黑 10 靠后,就留有在白空中施展手段的余地,以后白如 A 位扳,黑有 B 位扳的着法,此处黑△的位置,比在 C 位等处合适。

由于算清了以上变化,故实战黑才走 75 位飞。

实战中白 74、黑 75 使局面激烈,双方气合。

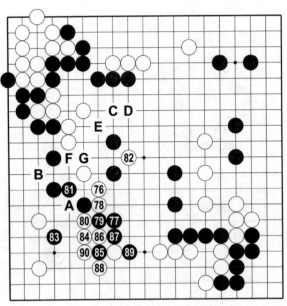

图 2－22　实战谱图

图 2－22　白 76 尖试探对方应手,不过此手在 A 位靠才更有趣味。

围棋静思 7　随着局数的增加,双方在盘外的冲突也大幅度增加。藤泽不喜欢和坂田友好的作家来赛场为其助威,坂田也讨厌与藤泽亲近的棋士前来观战,主办者便尽力不让这些人靠近赛场,细心地照顾着两位棋手的心情。

图 2－23　对付白 1,黑 2 冲恶,白 3 断后,5、7 冲断可以成立,以下到白 17 成劫,黑不好。此时黑不能于 15 位接,否则便成白 A、黑 B、白 C、黑 D、白 E 位打的结果,黑崩溃。

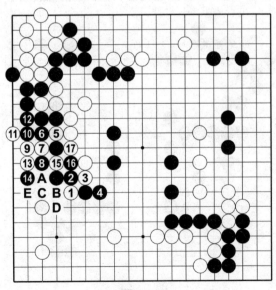

图 2－23

图 2 - 24 黑 4 除了打别无它法,白 5 以下至 13,大致如此。这个局面姑且算作黑棋破去下边白空,但由于白 5、7、13 坚实地联络了,反而觉得黑上下均显单薄,故白不坏。

围棋静思 8 二连胜后却遭三连败,已经没有退路的坂田,精神已有一半失常了。他一个人待在书房里,心情怎么也好不起来,无意识地把书架上丈和、秀和、秀策等人所著的古棋书全搬了下来,终于找到了开窍的途径。

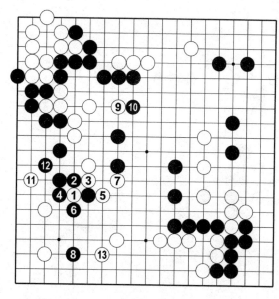

图 2 - 24

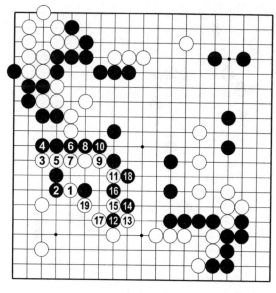

图 2 - 25

图 2 - 25 黑 2 如夹,到白 11 为止,双方应对虽与图 2 - 21 相同,但因有白 1、黑 2 的交换,双方变化至白 19 的攻防,白较图 2 - 21 更好。[看了这些变化后,仿佛觉得围棋越学越难。]

实战黑 77 飞有问题。

棋 诗
才收北浦一竿钓,
未分西斋半局棋。

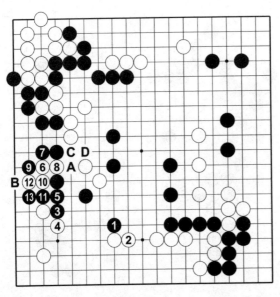

图 2-26

图 2-26 黑1靠才是紧凑的下法，白2退，黑3压、5接好，防止白于6位狙击。如图白如仍于6位觑出手，黑7至13的下法十分紧凑，下一步白如A位接，则黑B位渡；白如阻渡而于B位立，黑便C位冲，白A位接，黑D位长吃上方白子。至于左下黑棋，由于黑1发挥了作用，不是被吃的形状。

实战由于黑77的缓手，被白78、80反击，黑苦。黑81防止白B位觑，不得已。

白82之前应先于C位关与黑D位交换之后，再于82位觑，次序才好，白如未做此交换，则黑可E位尖，促使白走F位，然后黑B位补净，步调颇好。黑83不能接了。

图 2-27 黑1接，以下至白12为止，白可吃黑三子而活。中腹攻防瞬间变化。

由于黑不能按上述着法行棋，故实战黑83转移方向。白88之后，黑方为了消除白B位的觑，而于F位双，与白G位挡做交换，将如何呢？

棋 禅

围棋是禅的体现，又是对禅的否定。

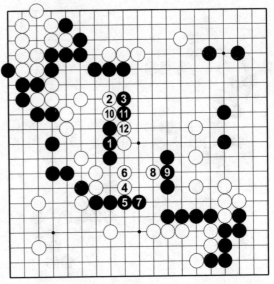

图 2-27

图 2 - 28 这样黑也不行,此处一不留神便会生出白1至15的手段,黑棋筋被吃。

实战白86至90必然。

围棋静思9 从前,棋手是背负着门派荣辱去下棋的,胜的一方门楣生辉,输的一方家名衰落,现代的棋手只是为个人的名声和收入而战,和那个时代有天壤之别。

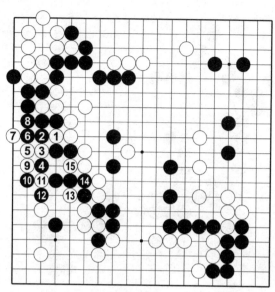

图 2 - 28

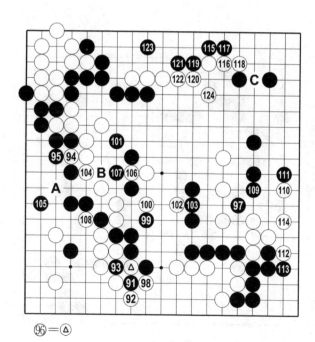

96 = △

图 2 - 29 实战谱图

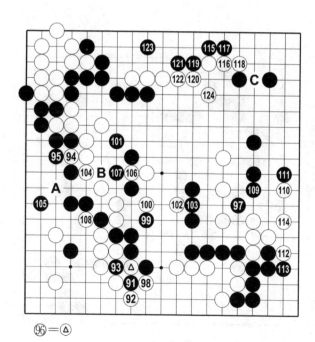 第六谱 91—124

图 2 - 29 黑91如于98位立,则白即99位跳出,左边依然留有白A位觑的不安。

黑97所找劫材欠妥。此处再花一手也不能吃到白棋。因此黑97应于101位尖,促使白走104位,再于A位补才好。

实战黑99紧要,白100有疑问。

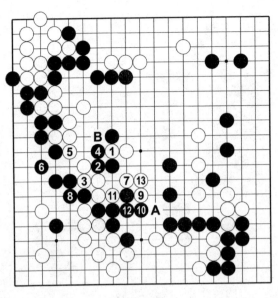

图 2－30

图 2－30 此手无论如何该于 1 位冲，至白 7 跨时，中腹白子已安全。如继续下去，黑 8 无理，至 13 接，A、B 两处白可得其一。

白 104 补，相当难受。此手如于 B 位补，则能在左边取得先手才好。可是——

围棋静思 10 而且，打的棋谱内容好像很平凡，但每一手都很坚实而堂堂正正，没有畏缩的味道。

图 2－31 白走 1 位，黑不于左边应，而以 2 至 6 做抵抗，白 7 来吃左边黑棋，至白 11 后，黑若于 12 位扳，则以下至 19 成劫；黑若不扳 12 位，则可于 A 位退，以下成白 B、黑 C、白 D、黑 E、白 F 的应对，发展下去还有种种的复杂手段，难以看透。[吴清源也说此语，可见围棋是何等的深奥。]

因此，白 104 是不得已之着。黑 105 应于 A 位补方净。黑 109 也是疑问手。

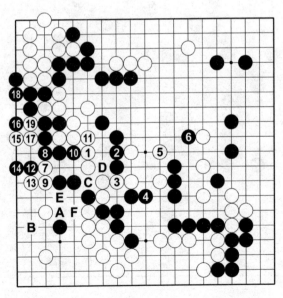

图 2－31

图 **2 - 32** 黑应于 1 位退,以下至 9 成劫。此劫以后黑棋可以在 A 位接,再与白打劫,这样对黑来说是无忧劫。

谱中由于 109 的关系,至白 114 时,要打大劫了。

现在黑如果立即开劫,一时尚难找到相当之劫材,因此黑棋 115 先到上边制造劫材,顺便攻击白棋。白 124 应照——

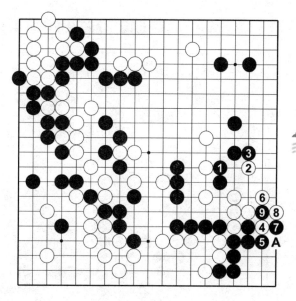

图 2 - 32

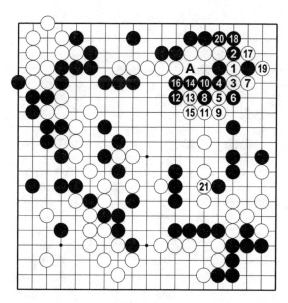

图 2 - 33

图 **2 - 33** 白 1 挖有趣,黑 2 必从下方打(黑 2 如在 3 位打,则白 2 位接,自然补了 A 位的断点),白 3 长,以下至黑 10 接后,白 11 舍去上边八子,至 21 的转换,右边黑棋虽不至于死,但下方中腹黑棋薄弱,右上角黑空被破,如此自是白佳。

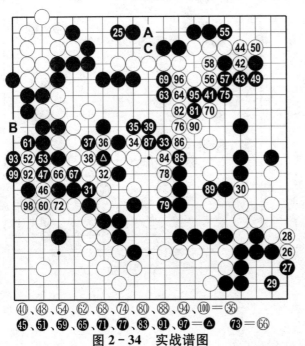

⑩、㊽、㊴、㊻、㊽、㊼、⑳、㉟、㊴、⑩＝㊱
㊺、㊼、㊾、㊽、㊹、㊼、㊼、㊻、㊼＝△   ㊼＝⑯

图2-34 实战谱图

图 2 - 34 黑 25 是简明的好棋，使两处得以通连。由于上方中腹黑棋已很坚固，因此黑 31 接攻白，有力！

在此之前的白 30 有疑问。

围棋静思 11 用高超的技艺为支撑家名而战，可谓一语概括精华——对，就是这个感觉！

图 2 - 35 白应于 1 位挖，到白 7 粘后，黑 8 如尖，以下到白 13 为止，以后白或于 A 位做活，或于 B 位联络，二者必得其一。如此不仅右边白棋脱出危险，而且上方白棋也得到足够的眼形。

白 34 至 38 大失着，一下子尽损形势。

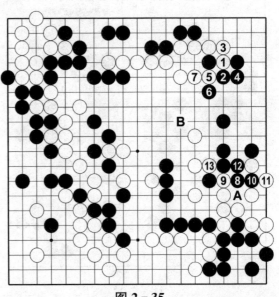

图2-35

图 2－36 白应于 1 位打，这样到白 11 是无条件净活。

实战成为劫活，对黑棋来说是无忧劫。白 46 绝妙。黑 57 欠妥，无论如何应当提劫。提一个劫用了两个劫材——大损。白 70 是要点。

白 98 应于 A 位找劫，时机最好（白 98 保留，白尚多出 B 位点的一个劫材。白 98 与 99 交换后，B 位的点即非先手），此时黑如 C

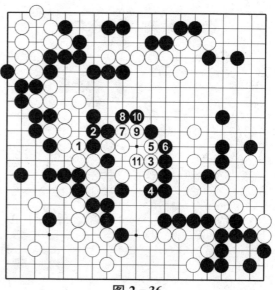

图 2－36

位应，黑棋劫材即不够，因此黑只有 36 位接劫与白棋做转换，如此成为非常细微的局面。

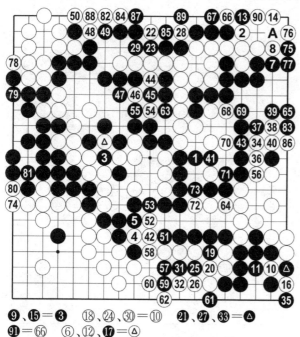

⑨、⑮＝③　⑱、㉔、㉚＝⑩　㉑、㉗、㉝＝△
⑨1＝66　⑥、⑫、⑰＝△

图 2－37　实战谱图

第八谱　1—91
（即 201—291）

图 2－37 黑 1 曲后白已难挽回。但黑走了 7 位找劫的恶手后，白又获得机会，可是白 8 浪费了它。白 8 如 A 位虎，黑即减少一个劫材，中腹白棋可活。

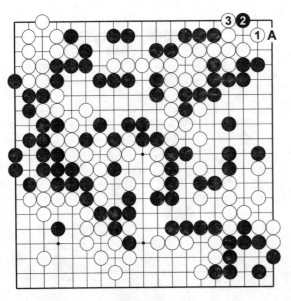

图 2-38

图 2-38　白1虎,则仅剩黑2一个劫材,以后黑A找劫白可不应,这里虽仍是打劫,但白做活本身劫很多。

图 2-39　因此谱中黑7应于本图1位找劫,以后还有3、5两个劫材。

白16如于52位找劫,黑棋也还有75位扳的劫材,此后白棋除16位及22位的两处劫材之外,已无其他劫材可找,而22位的劫材很小。

总之,由于第七谱中白98走错,如今不论找哪处劫,都已失败。黑17粘劫,已胜定。

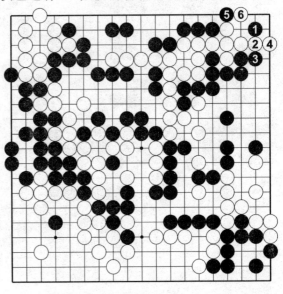

图 2-39

第3局 吴·高川十番棋升降赛第八局

黑方 吴清源九段 白方 高川秀格八段

（共267手 白胜1目 弈于1963年9月20日）

吴清源 解说

第一谱 1—100

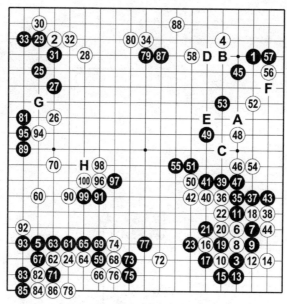

图3-1 实战谱图

图3-1 黑1、3、5三手以占实地为主，是日本已故棋圣秀策首创的布局法。

右下角白6挂到黑23为止是一种定式。其中白16时，如左上角白2在31位则征子对白有利，白方可改在17位长。今谱中选择16虎，是为了避免图3-2。

图 3-2 白1长,黑2爬,白3断不能成立,黑4以下可征吃白子。

白24不在35位提而在左下角攻黑(是吴氏先发制人的得意手法,若按通常下法在35位提,则黑方先占64位好点,白不利)。

黑27是近来流行的坚实应手。如在29位下子,白30位扳,黑31位虎,被黑33位反打,损失实地(这也是吴清源做出的结论)。

黑45应该占A位,或者走B位靠也是不错的构思。

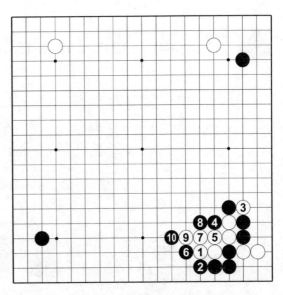

图 3-2

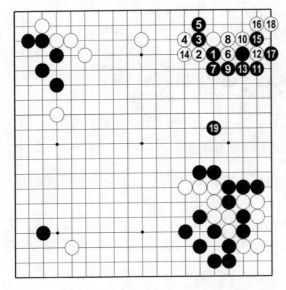

图 3-3

图 3-3 黑1靠,到白18为止,黑方利用弃子构筑起厚势,然后黑19围,可在右边形成庞大地域。

实战被白46、48攻入,黑棋不利。黑49如在50位贴——

围棋试金1 从1951年起,每年获得本因坊头衔的棋手都要与吴清源下一场三番棋,显示了吴清源在围棋界的至尊地位。

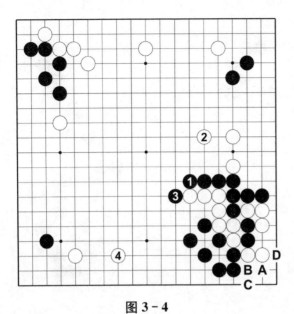

图 3-4

图 3-4 黑1贴,则白2关起,黑3扳虽然完成封锁,但被白得先手占据4位拆二好点,黑右下厚势被削弱。右下白角虽被封锁,但经过 A 至 D 的次序,白是活棋。

实战白50拐头试黑应手,是机敏之着。

黑51如在 C 位尖跳,则白53位飞,黑 D 位飞压,白 E 位尖顶,双方皆未安定。白52到56获得活形并先手占据58位,黑不容乐观。黑55如在 F 位逼——

图 3-5 黑1若搜根,白2跨严厉,以下至白8,黑右边十子成为孤棋,黑不利。

黑59一间低夹是最后的好点。白60反夹,好手。

实战黑61走后反而产生出白62以下的手段,黑得不偿失。

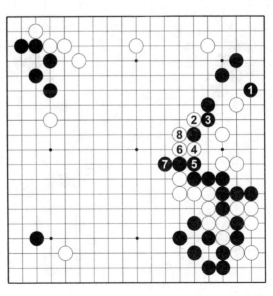

图 3-5

图 3 - 6　黑应于 1 位尖,以下至黑 5,黑明显优于实战。

白棋两块均薄弱。

实战白 70 小飞加强左边防守,是不可错过的好点,黑 71 如在 76 位断——

围棋试金 2　1952年,七段高川秀格初次当上第七期本因坊。从那时起直至 1960 年的十五期为止,高川实现了本因坊九连霸,因此每日新闻社在这段时期共筹办了七次他与吴清源的三番棋对战。

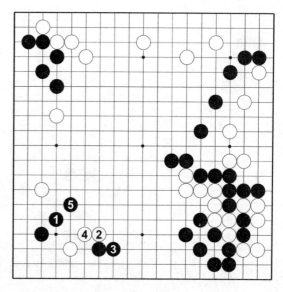

图 3 - 6

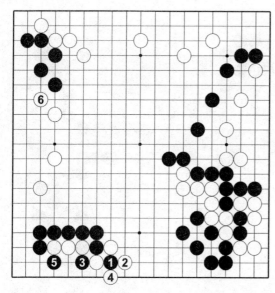

图 3 - 7

图 3 - 7　黑 1 断虽然可以吃掉三子,但白获先手占据 6 位要点,白棋满意。

实战黑 73 轻率。

围棋试金 3　双方对战总计 21 局。第一次时高川还是七段,与九段的吴相差两段,本来应采用长先的对局方式,但他拥有本因坊的桂冠,就给他多算了一段资格,以先相先的方式与吴比赛。

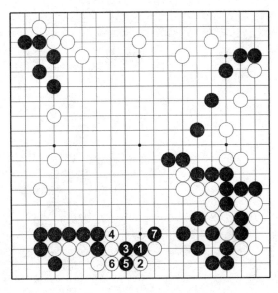

图 3-8

图 3-8 黑应走 1 位碰，白 2 下扳，黑 3 顶，白于 4 位挺头，以下至黑 7，黑明显较谱着为优。

围棋试金 4 从第二次开始，他升了八段，对局方式就改为互先。高川起初是"上场就败"，连败 11 局，但经过与吴不断较量，高川获得四连胜，通算吴 14 胜 7 负告终，在后半程高川终于恢复名誉。

图 3-9 白若走 4 位，则黑 5、7、9 的次序后，白棋被杀。

谱黑 79 碰时机很好，白 80 长忍耐。

实战黑 81 破白 G 位尖的计划，是有关双方根据地的要点。白 82、84 吃一子似小实大，这块棋就彻底地安定了。白 88 的飞与右边白棋的活路有关。

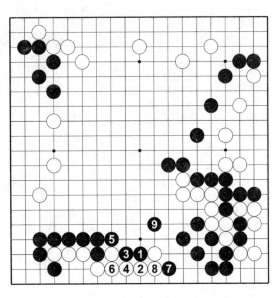

图 3-9

图 3-10 白若 1 位应,则到黑 4 扳时,白须回到右边 5 位补活。

谱黑 89 跳搜根,让左边一块飘浮起来。

实战黑 91 进攻方向错误,以下至白 100,白势厚实,黑不利。黑 91 应走在 H 位。

围棋试金 5 这一点体现了主办三番棋的每日新闻社的英明决策及高川的坚强个性,而且高川还有"狐狸"的绰号。

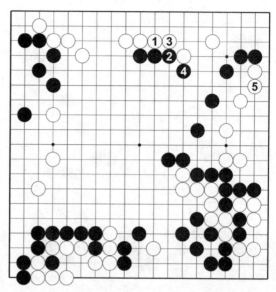

图 3-10

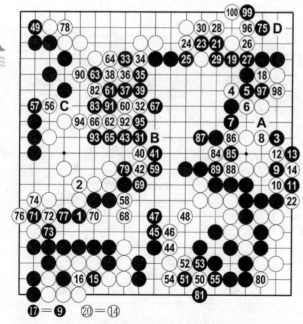

⑰=⑨   ⑳=⑭

图 3-11   实战谱图

第二谱   1—100
(即 101—200)

图 3-11 白 4 应在 12 位尖顶,黑 8 位长,白 85 位虎,最为稳妥。如黑不于 8 位长而走 A 位尖的话——

闲中歌
眼前富贵一枰棋,
身后功名半张纸。

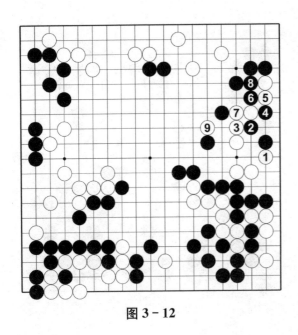

图 3 - 12

图 3 - 12 白方避免劫争,双方变化至白 9 跨出,脱出包围,较谱着为优。

黑 11、13 成劫势所必然。至白 30 为止白虽劫胜,但黑方获得一子,将上边压于低位,并先手占得 31 位,构成雄厚腹势,甚为有利。

黑 33 手法巧妙,舍弃一子增厚外势。白 40、42 牺牲 32 一子,而以 44 至 50 做交换。黑 43 防白在 B 位断。

实战黑 49 不如在 61 位压。黑 57 轻率,应先在 C 位挤。黑 59 如在 68 位打,则如——

图 3 - 13 黑若 1 位打,则演变至白 12,白方冲入黑腹空。

实战至 59 时,局面极细微。白 60 逃出为胜负所系之着。黑 59 应在 61 位或 62 位应,防止白 60 逃出。黑 61 如在 91 位扳——

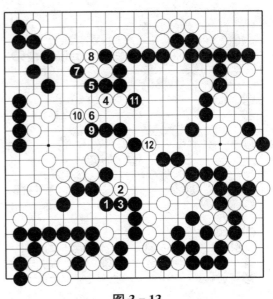

图 3 - 13

图 3 - 14　黑若 1、3
扳断,则白 4 至 8 是准备工
作,到白 10 长,因白 A 是先
手,黑方危险。

故实战黑 61 也是不得
已。白 72 应占 D 位,黑若
脱先——

图棋试金6　1955 年
夏到 1956 年,高川还与吴
清源下了读卖新闻社主办
的十番棋。

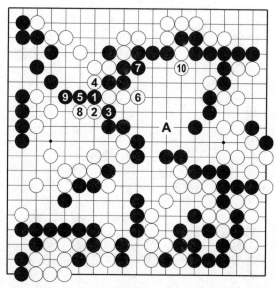

图 3 - 14

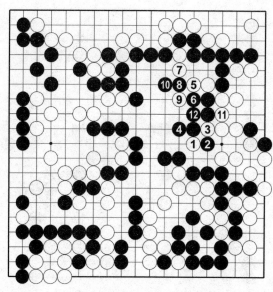

图 3 - 15

图 3 - 15　白有 1 到
12 的手段,官子便宜,白方
优势会更加明显。

实战被黑占到 75 位,
胜负不明。黑 95 损,应走
C 位。

图棋试金7　那时,高
川从八段桥本宇太郎手中
夺走本因坊桂冠后,又击退
了木谷实八段、杉内雅男七
段、岛村俊广八段的挑战,
实现了本因坊四连霸。

第三谱　1—67(即 201—267)

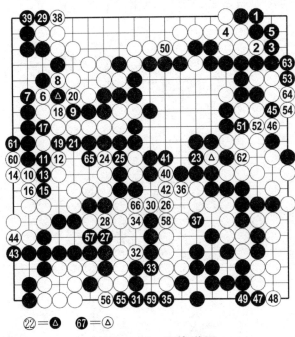

㉒＝△　㉖＝△

图 3-16　实战谱图

图 3-16　黑23应占 36 位,以下白58、黑26,以后 23 位及 29 位双方各得其一。

综观全局,在序盘战斗中,白 46 以下侵入黑方右边,局势于白有利。至第二谱黑 103 右边打进引起劫争,演变至131,黑中央形势雄厚,黑方挽回颓势,局面均衡,以后双方努力周旋,白方以半子小胜告终。

围棋试金8　因此,他被选出来作为在十番棋中对付吴清源的一张王牌。第八局后吴 6 胜 2 负将高川打入先相先,通算成绩吴 6 胜 2 负。

思考方法和思维方式,是围棋教给学棋者受用终生的道理。棋中的外势可以看作潜在的目数,而棋形则可看作你的眼位。事物都有其规律和本质,棋道亦然。以一种崭新的眼界和视角去下棋,也是一种对自我的超越。遇到问题只有从不同的角度去思考,才能够找到其根本所在。

第4局 日本第三期名人战

黑方 中村勇太郎七段 白方 吴清源九段

（黑贴五目 共213手 白胜2目 弈于1963年10月16、17日）

吴清源 解说

第一谱 1—21

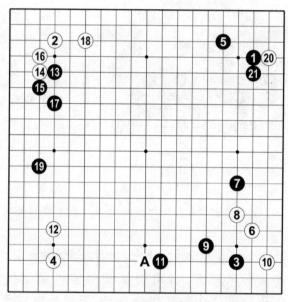

图4-1 实战谱图

图4-1 黑11也有拆到A位的下法，实战大飞坚实。白12单关守角是一种趣向。黑13高挂角，在左下的白棋单关角的情况较多。

白14普通。黑17也有走——

图 4－2 黑1接、3拆的定式。但A位大飞逼成绝好点。

实战白18拆一好,下一步白20如按照——

围棋名人 1 读卖新闻社为纪念《读卖新闻》发行到2万号,决定举办日本围棋选手权战。这是一场有16名五段以上棋手参加的棋赛,优胜者将获得与名人本因坊秀哉对局的资格。吴在决赛中击败五段桥本宇太郎。

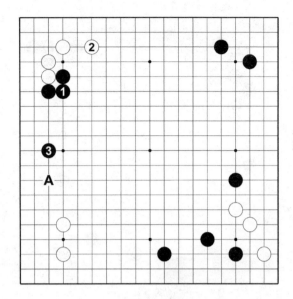

图 4－2

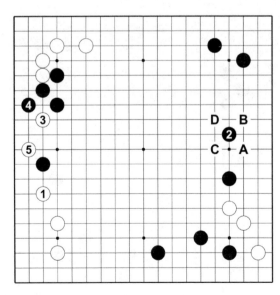

图 4－3

图 4－3 白1位拦,黑2脱先在右边拆二,白有3位打入的手段。黑4尖,白5飞。这样下虽然严厉,但是黑2拆也是不亚于左边3、5打入的好点。白1如下在A位,黑在B位反夹,白C跳,黑D也跳,弃掉一子。

因此,实战白20在二路托,先试黑棋应手。黑21应法很多。

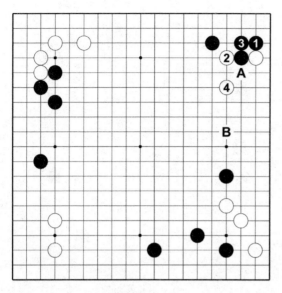

图 4－4

图 4－4　黑1内扳，白2、4是腾挪的手筋。下一步黑若A位长，白就打算轻灵地在B位拆。

围棋名人2　现在棋界中还流传着这样一个美谈：桥本和吴对局终了时，读卖社的社长正力松太郎握着桥本的手感谢道："谢谢你，你输得太好了！"

图 4－5　黑1也可外扳，白2断，以下成为至白8的结果，黑不好。

［这个棋型，因韩国棋手经常研究，以至现代棋界都认为是韩国流。其实，吴大师早于半个世纪前就宣布了这个变化。］

实战黑21长，因外面宽广，是正着。

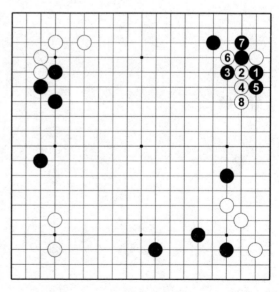

图 4－5

图4-6 白22如果直接在右上角动手——

图棋名人3 桥本后来说："当时我正满腹懊恼，却受到这种问候，差点把我肚子给气炸。不过，此局结束后棋界一片沸腾，从效果上看，我还真输对了。"

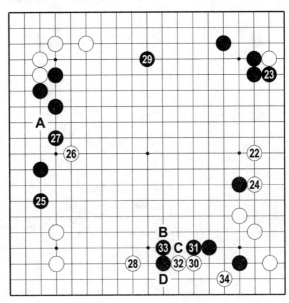

图4-6 实战谱图

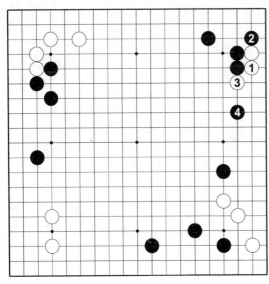

图4-7

图4-7 白1、3直接动出，被黑2、4攻击，白形局促，嫌重，操之过急。

图棋名人4 吴与名人的对局于1933年10月16日开始，按规定每周星期一下一回。最初是在读卖新闻社顶层特设的一间对局室里下，后来因为那里不安静，改在附近的京桥旅馆处下。

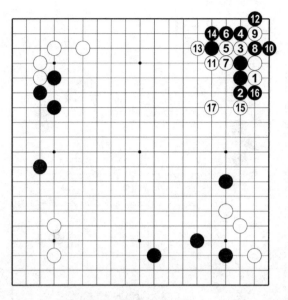

图 4-8

四点止,在轮白下子时暂停。

图 4-9 黑 1 阻渡,白 2 就会出动。黑 9 断,则白 10、12 吃住两子。黑 17 扑时,白 18 弃掉四子。有了白△一子,白也可安定,而且是相当坚实的姿态。此结果显然比图 4-8 要好。

白 24 托渡告一段落,此形白稍有效能,分析图 4-10。

图 4-8 黑 2 长,白 3 扳时黑 4 夹严厉,以下走成白 17 为止的结果,复杂。

谱白 22 位打入,转身灵活。黑 23 正着,以静制动。

围棋名人5 秀哉因为是名人,所以是九段,另一方吴清源当时只是五段,两人相差四段,照过去的对局方式应是二先二。但因读卖新闻社的要求,决定只让吴执黑,规定时间为 24 小时,并约定每回下到下午

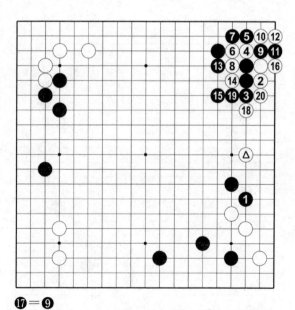

⑰=❾

图 4-9

图 4-10 白 1 打入，黑 2 拆一效率不高，白 3 托渡。造成这一结果，显然谱中白 20 托起了作用。

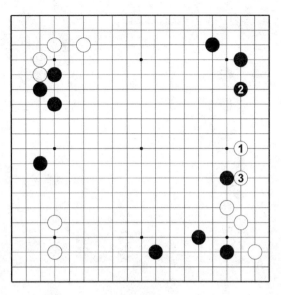

图 4-10

实战黑 25 是非常好的一点，与右边是双方各得其一的大场。白 26 从上面先走一手，使黑地巩固，稍微有些可惜（白 A 位的打入消失），但这是试探黑棋应手，为下边作战引征。

黑 27 正应，就局部来说是值得感谢白棋的。白 28 拦，产生出 30 位的打入。因为考虑到由这个战斗而生出的征子关系，所以先在 26 位走一着。

黑 29 是剩下的最后大场，此时如果不占，大势即会落后。黑 29 可在 B 位关，防白在 30 位打入，虽平安无事，但稍缓。白 30 是预定的打入。

图 4-11 白于 1 位飞，使上面厚实，但至黑 14 长，全局白并不好。

实战黑 31 别无他法。

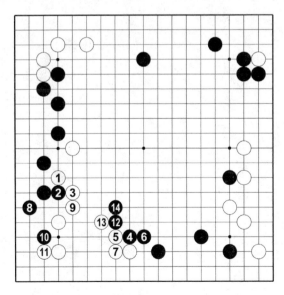

图 4-11

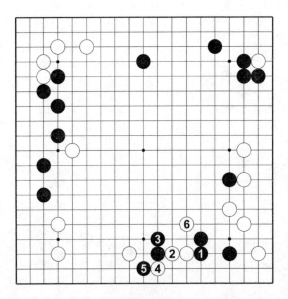

图 4-12

图 4-12 黑1挡,白有2至6的分断手段,黑难办。

[白4、6是这个棋型的灵魂,实战中很管用。]

围棋名人6 在轮白下棋时暂停,在整个江户、明治、大正、昭和时期,这一直被当作后辈对前辈的一项当然惯例(笔者认为这也是棋文化的一个内容)。在轮到自己下棋时暂停是有利的,因为自己可以在下一回续弈前研究下一手该下在哪里。

图 4-13 黑1尖也不行,白2飞好棋,黑3从上面挡住,白4冲、6立,左右可渡,黑棋应手困难。

实战黑 33 如在 C 位挡,则白可愉快地 D 位扳渡,白乐意。

白 34 是常用手法。

围棋名人7 这是旧时的遗风,黑方以此向白方表示尊敬和求教。白方在下棋时,有时一天只下一两手就停,然后回家研究好了再续弈,这是棋界人尽皆知的惯例。

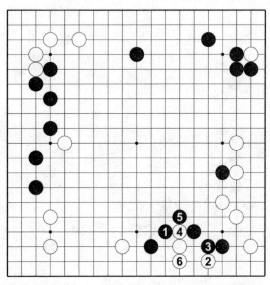

图 4-13

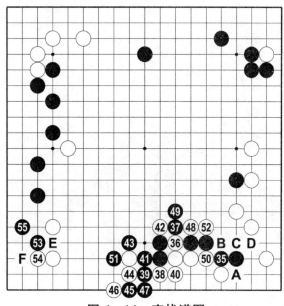

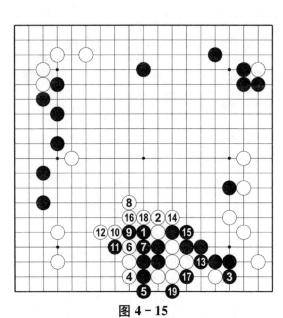

图4-14　黑35如在A位挡，则白35位冲，黑B位挡，白C位断，黑棋被吃。黑35如能在D位先手尖就好了。但现在如果尖，则白36位冲，黑37位挡，白42位断，黑显然已经来不及了。因此黑走35位也是不得已。

白36到41是必然之着。白42断严厉，虽可直接在里面活，但是断后可相机弃子，比活棋更有趣。

图4-14　实战谱图

［这是吴清源棋艺高超的构思。］

黑43正着。

图4-15　如果想吃白，黑只能1打、3曲，以下至黑7时，白有8飞封的好手，此时黑已被封住，如想走出，只能黑9拐、11断。白12又是好手，黑13不得已，以下至黑19，白先手弃子包封成功。

［吴清源的棋有很多弃子的华丽转身，这便是其中一例。］

图4-15

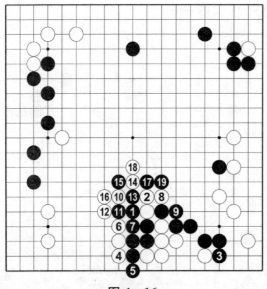

图 4 - 16

图 4 - 16 白 10 枷不能成立,黑 11 冲,至 19,白三子被征吃。

围棋名人 8 原在北京的山崎先生也停止经商回到日本。山崎先生对此极为愤慨,他说:"难道因为对方是中国人,我们就能为所欲为吗?"他写了许多抗议信寄到濑越先生那里。濑越先生是稳健的人,只是说:"秀哉先生毕竟是前辈,是名人呀!"

图 4 - 17 图 4 - 15 中黑 13 若于本图尖吃白三子,则白可先 14 曲后再 16 位断,以下至黑 21 必然,白 22 先手走重黑棋后还有 26、28 的活路,黑支离破碎,黑五子被杀,损失惨重。

实战黑 45 只能扳。

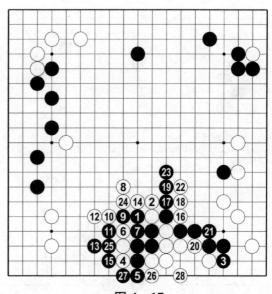

图 4 - 17

058

图4-18 黑若1位立,则白2先手长,以下到白8定型,白好。

实战白46和黑47的交换虽不情愿,但也无可奈何。

围棋名人9 吴清源曾回忆道:棋院中的人当着我的面,当然不会说什么轻蔑的话,但是,"不能输给支那人!日本非得第一!"的国粹主义空气十分浓厚。所以,在吴清源与秀哉名人对局的问题上,尽管围棋爱

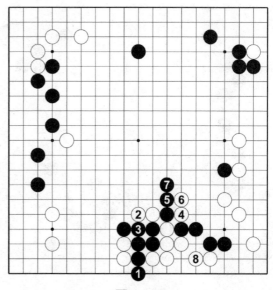

图 4-18

好者都兴致盎然,名人却深感棘手,因为日本围棋的代表者如输给了吴清源这个中国小孩,岂不大失脸面。

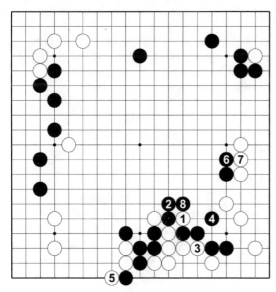

图 4-19

图4-19 白若先走1、3,再5位打时,则黑不应而走6长、8打。

实战白48、50是早已算清的要着。黑51如按——

围棋名人10 山崎劝吴清源说:"既然要在日本待下去,还是取得日本国籍为佳。"国民政府怎么也不愿意注销吴的中国国籍,最后还是山崎先生跟相识的上海总领事交涉,此事才办妥。

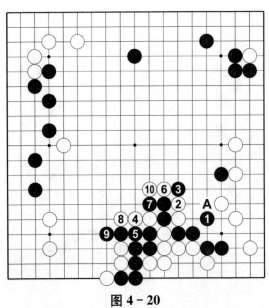

图 4－20

图 4－20　黑 1 虎,白 2 长,以下至白 10,黑被征吃。过程中黑 3 若 6 位长,则白 A 长,黑五子被吃。

因此实战黑 51 只得打吃两子,但白 52 打,角部实地相当大,转换白有利。白虽得了便宜,但黑外势变厚,左下单关角将受攻击。黑 53 是第一击。

白 54 如 E 位接,则黑走 54 位根据地,白成为浮子。黑 55 好,今后准备黑 F 夺白根据地。

第四谱　56—75

图 4－21　白 56 如在 58 位挤,则黑在 64 位虎,白棋就没有了根据地。

黑 57 是好着,如在 64 位虎,则白在 A 位飞成好形,白棋走出并破坏黑模样。白 58 现在挤才是时机。黑 61 是和 57 相关联的好手,形成有力的大模样。

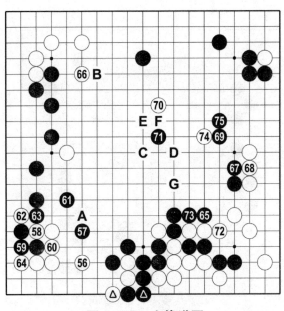

图 4－21　实战谱图

图 4 - 22 黑 1 如侵角,白 2 至 8 向中央出头,黑大模样被破。

谱中白△和黑△交换为什么是白损? 这是因为以后收官时——

图 4 - 23 黑 1 提子试应手,白若 2 位应,则黑 3 是先手,然后 5 拐、7 点,白须收气吃黑,这是非常大的官子。

实战白 62、64 不管怎样必须将自身安定下来,如果脱先,被黑走到 64 位,白就失去眼形。黑 65 阻止白棋出头,尽量扩大模样,因右下角已给白方便宜,如果不充分利用残子就赶不上了。此着如在上方 B 位封,白从 C 位侵消,黑围不大。

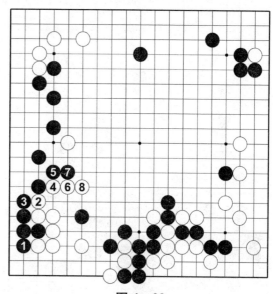

图 4 - 22

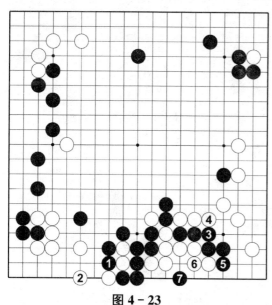

图 4 - 23

本局第一关键:白 66 恶手! 向着中腹大模样的侧面行棋,此手在 C 位天元侵消才是绝好点。白走 C 位,即使黑走 D 位攻,白在 E 位关,也不至于被吃。黑方彻底大规模地走 67、69,先将这方面白棋的出口塞住。走成这样,白已难于侵消。

本局第二关键:白 70 不得当。现在应深入一步走在 F 位才好,对地域的对比就有成算。如谱白走 70

位,被黑在 71 位应,黑棋多围了一路,白就没有成算了。

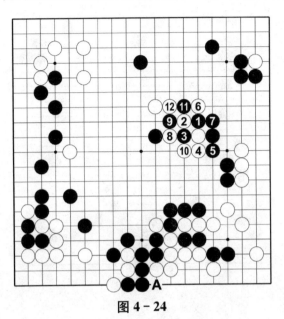

图 4-24

白走在 70 位,多少考虑到在上边打入,但上边尚有缺口,没有打入的必要,这里也是不当的因素。白 72 有先手补净、巩固地域的意味。此处黑如脱先白便有 G 位的打入手段。黑 73 当然。白 74 碰,试黑应手。

图 4-24　黑若 1 位扳,白 2 反扳,黑 3 断打,白 4 长,黑 5 如挡,白 6 以下到 12 成大劫。普通情况下这样的劫,先提的一方绝对有利,但白有 A 位的大劫材,黑不行。

第五谱　76—90

图 4-25　白 76 是分寸。

围棋名人 11　黑 1 下三·三,黑 3 点星位、黑 5 占天元,这是天外奇想。三·三是本因坊家的禁忌。名人也不曾预料,许多人批评说这是对名人的失礼。可是,吴清源感觉不到名人这种传统的沉重压力,坚持按照自己的思路下棋。

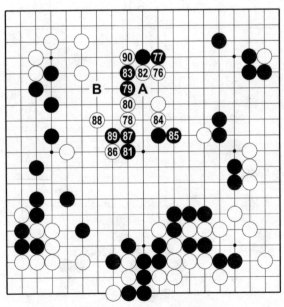

图 4-25　实战谱图

图 4 - 26 白若在 1 位打入，被黑 2 关至 6 位挡，白不行。

实战黑 77 挡后，白 78 是与 76 相关联的着法。黑 79 是形的要点。

围棋名人 12 当时，秀哉已年近花甲，而吴清源只是弱冠之年。从对局方式上看，秀哉理应取胜。加上吴清源又是中国人，棋迷们都把这局棋看作中日两国间的决战，秀哉感到这局棋十分难下。

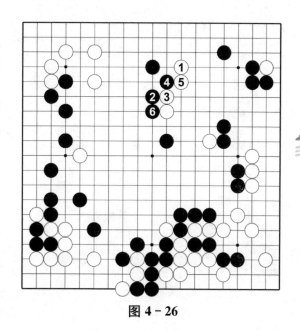

图 4 - 26

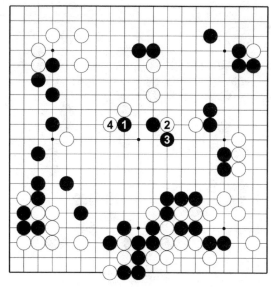

图 4 - 27

图 4 - 27 黑若 1 位靠，则白 2 试应手，黑 3 扳，就生出白 4 扳的手段。

黑 79 也有间接支援上边的意思。

围棋名人 13 第十二回对局告一段落，第十三回对局开场后，白 160 是妙手。由此，白棋转为优势。

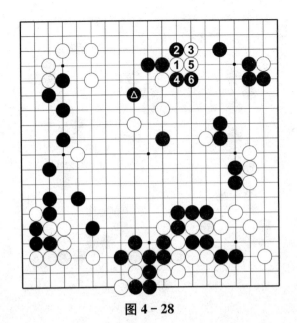

图 4 - 28

图4-28 有了黑△一子,以后白若敢 1、3 连扳,黑有 4、6 切断作战的准备。

不过黑79还有更直接的下法。

图4-29 黑 1、3 采用最直接的下法切断,以下至黑9,白困难。

实战黑 81 飞,虽然少围了一路,但地域仍很大。

本局第三关键:白 82 错着,从形状上看也应该在 A 位虎,瞄着 85 位或 86 位的靠。白 82 是想下一步在 90 位断,但即使吃掉黑两子也不大,没意思。而且下一步白如立即在 90 位断,黑也有 A 位反击的手段。因此白 84 不得不双,和黑 85 交换很损,凑黑巩固。不管怎么样,白 82、84 不当。中腹的作战,白 66 缓着,白 70 不当,又下出 82、84 的恶手,把好不容易取得主动权的局面弄坏了。白 86 只能拼命了。

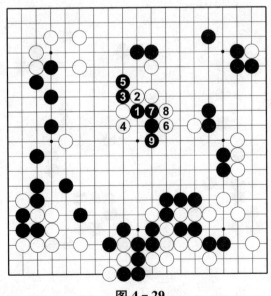

图 4 - 29

064

图 4-30 白若 1 位断,则黑 2 先打一手后再 4 位围中腹大空,白受不了。

实战黑 87 顶严厉,白 88 关是不得已。

围棋名人 14 据传,本因坊门下众徒在暂停后见是黑棋占优势,便齐集秀哉宅邸研究,把此局棋当作本门头等大事。在研究中,五段前田陈尔发现了这一妙手。后来,在第二次世界大战后的一次新闻座谈会上,话题涉及了这盘棋。

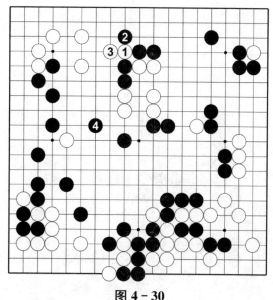

图 4-30

图 4-31 白 1 挡,黑 2 断严厉,既不能征吃又枷不住,即使 3 位封,黑 4、6 可逃,白困难。

白以 88 位的跳来阻止黑走 B 位的关出,这样才能在 90 位断。但费几手棋才吃黑二子,不合算。

围棋名人 15 濑越宪作八段说:"据说 160 这手是前田先生发现的。"

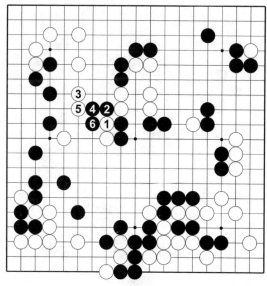

图 4-31

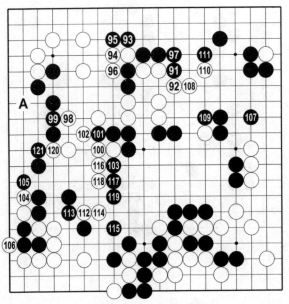

图 4 - 32　实战谱图

图 4 - 32　黑 91 扳,中村先生说应按照——

图棋名人 16　这句话立即被刊登在报纸上,于是激起了本因坊门下的愤怒,濑越也由于这次"舌祸"辞去了日本棋院的理事之职。于 1982 年故世的本因坊门下村岛谊纪曾说:"这手棋不能说是前田君发现的,而是大家在七嘴八舌的争论中,突然想到有这种下法的。"

图 4 - 33　黑 1 打、3 退,以后黑在 A 位一手棋即可完成封锁。

实战白虽吃两子,但被黑 93、95 在上边增加地域,白不便宜。总之,到黑 97,白被黑上下收地,局势已非。

黑 99 在 A 位虎较优,同样是防御,以后角上有官子便宜。黑 101、103 是尽量围足的下法,自此进入大官子阶段,但局中哪里最大?

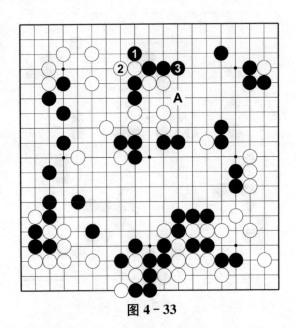

图 4 - 33

图4-34 黑1打，不光表面利益很大，今后可增加的利益也无法估计。白2脱先，下一手黑3提试应手，白4如在15位挡，则黑可A位跳入，白角被杀。如图白4补角，黑5、7将上方黑地补净是大棋。白如脱先，黑可走9到17的先手官子。

因此白104、106是大棋。黑107是第二位的大场。

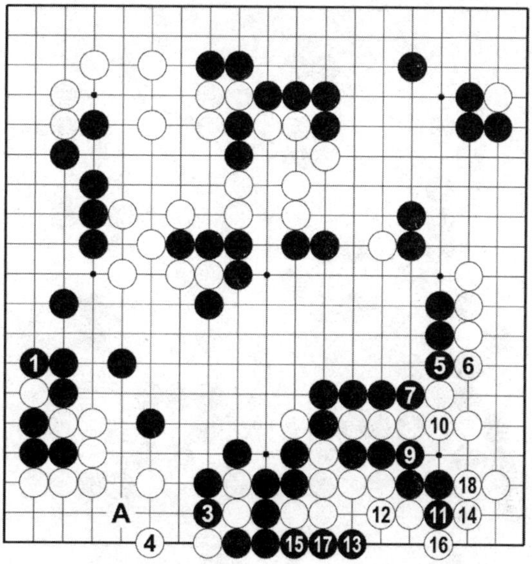

图4-35 黑1、3围上方，成为白6为止的应接。对比之下，还是谱中107较大。

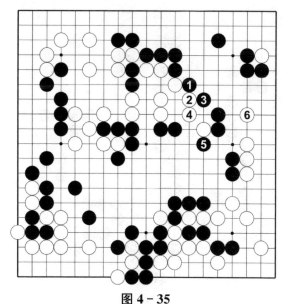

②、⑧脱先

图4-34

实战白108是和黑107见合的地方，黑109必须防守。白112是要着，对此黑应该在114位扳护空。黑113冲断，白114长有力。黑115虎不得已。

图4-35

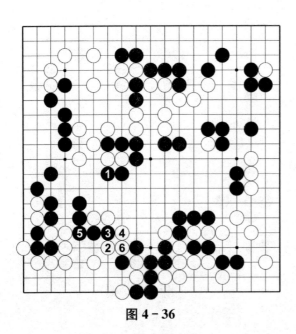

图 4 - 36

图 4 - 36 黑 1 打,白 2 可尖,从这里穿出,至白 6 一步一步进入黑地。

实战白 116、118 削减黑地,多少得点便宜。但是形势依然很细微,不过还是黑棋优势。白 120 应该保留。

围棋名人 17 从 1933 年 10 月 16 日到 1934 年 1 月 29 日终局,白二目胜。

秀哉局后说:"我从前曾与中川龟三郎、雁金准一等人下过六次一局制的比赛,无论哪一次都下得很轻松,从未像对吴君这盘棋这样艰苦。"

图 4 - 37 有了白△与黑△这两手交换,白 3、5 扳粘成为后手。

围棋名人 18 这局棋结束之后五年,轮白下子时暂停的惯例终于被"封局制"取代了。首次实行是在秀哉与木谷实七段下"名人引退棋"时,由于木谷实的强烈要求才得以实现。

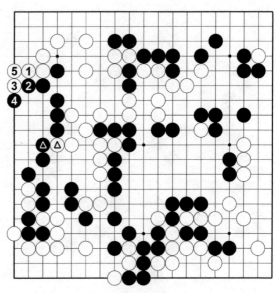

图 4 - 37

第七谱 22—59（即 122—159）

图 4-38 白 22 是大官子。黑 23、25 也是大棋。白 26 坏棋，应当在 34 位小飞（有高级意味）。

棋 哲

得到的——总是有着失去的遗憾；

失去的——总是有着得到的良愿。

图 4-39 白走 1 位，黑如在 2 位应，白便有 3 位先手嵌的次序，黑 4 若 6 位接，则白就便宜了。如图，黑 4 打，白 5

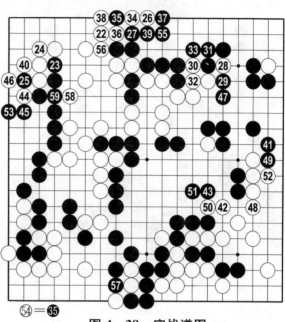

图 4-38 实战谱图

㊼ = ㉟

反打后就有 7 冲、9 断的手段，进行到白 15，黑崩溃。

实战黑 27 应是好着，此手如在 39 位应即和图 4-39 同形，白在 28 位的先手嵌就有效了。现在如谱黑 29 顽强抵抗，白 30 打，黑 31 粘，白没有手段。白 32 如在 55 位尖，则黑可走 39 位，白也无计可施。

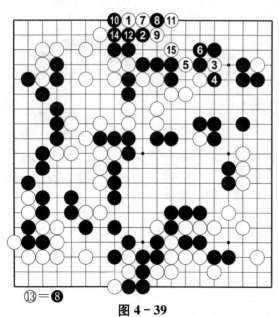

⑬ = ⑧

图 4-39

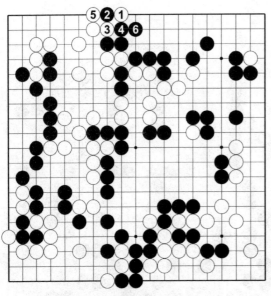

图 4-40

图 4-40 上方最好的次序是白 1 小飞,黑走 2 至 6。而谱中白 26 和黑 37 的交换,白损。黑 49 爬稍损。

棋鬼

《聊斋志异》中说有一介书生,因为嗜弈而倾家荡产,气死老父,被阎王罚入饿鬼狱。以后虽有了生还机会,却又因为弈棋而永世不得超生。

图 4-41 黑 1 走大飞要便宜一点,白 2 到白 6 时,黑 7 脱先,以后白在 2 位提劫,黑即使走 A 位粘也比实战便宜。

棋秘

围棋或许就是先人给文明留下的一套秘籍。它不应该仅被用来争胜负,而是应该用来开启人类领悟世间万象之灵性。

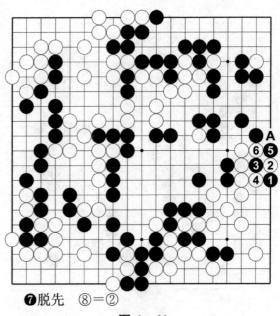

❼脱先　⑧=②

图 4-41

第八谱　60—113(即160—213)

图 **4－42**　白60
冲、62断是防黑在 A 位
先手粘。白64在75位
应好不好呢？这是很难
判断的地方,白64如在
73位立,黑便有64位托
的先手官子,这也是当初
白△打留下的后遗症。

黑81败着。

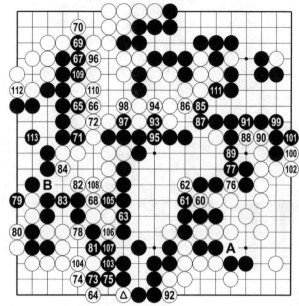

图 4－42　实战谱图

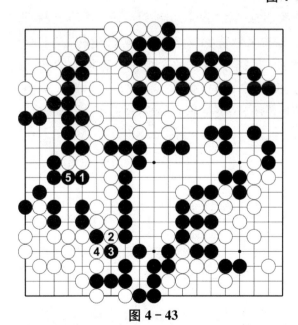

图 4－43

图 **4－43**　黑1夹,以
下至黑5,黑可能胜1目。

实战黑83应在 B 位
接,稍便宜。白86有三目,
是大棋。

黑87损,只有后手一
目,应走90位稍便宜。这
里约损一目,但已与胜负无
关。黑113如不补——

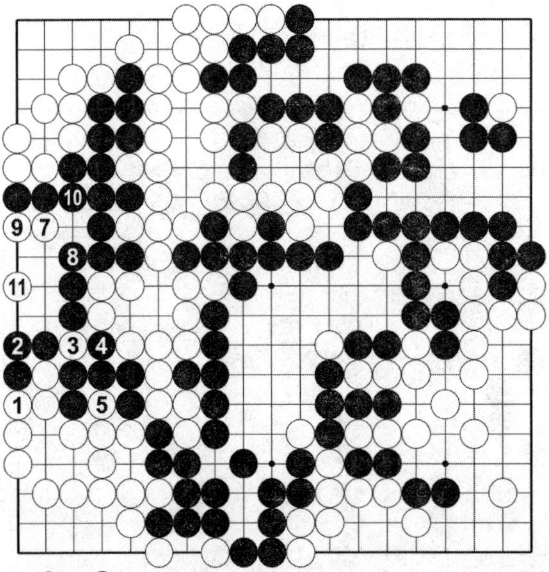

图 4-44

⑥=③

图 4-44 黑若不补，白 1 以下至 11 可成双活。

棋　盘

弈海无边，

天下自古无同局；

纹枰有经，

棋子从来不辱命。

　　通过一盘棋能够看到棋手的心境，执着、软弱、犹豫、冲动，棋枰上综合了各种各样的想法。棋手要达到的心境，是面对棋局的变化和世事的变迁能够做到淡然又不失进取的精神，是在夺取冠军、跌落谷底时能保有宠辱不惊的平常心，是总能以坦然坦荡的胸怀面对棋局、面对自己的内心。

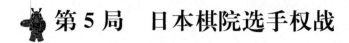

第5局 日本棋院选手权战

黑方 坂田荣男名人 白方 岛村俊宏九段

（黑出五目 共195手 黑中盘胜 弈于1964年2月4日）

吴清源 解说

第一谱 1—16

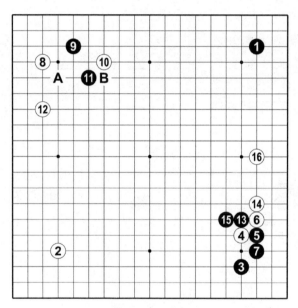

图5-1 实战谱图

赛前战报：这是1963年日本棋院选手权战最后的一局。这一局的胜方，将向上一届冠军高川格九段挑战，挑战以五局分胜负。

图5-1 对付黑3，白4立即挂角，是白棋的趣向。黑5托、7退后，白8脱先于左上角占角，是岛村曾经下过的。

图5-2 如果采用白1至7的定式,则成黑8占左上角的布局。

黑9如在13位断,攻击白脱先之处,虽然是显而易见的,但白有可能于9位小飞守角。因此黑9先挂,看白方态度,再行作战。这样走成不合对手心意的局面,也是一种作战的策略。

白10一间高夹少见。这是不容黑脱先的严厉攻击手段。然而,此手如于13位接,则采用图5-2的定式也可成立。黑11有多种下法。

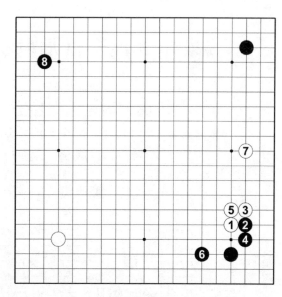

图5-2

图5-3 黑1托,白2扳,黑3断,白4、6是常用手法,以下走成至8为止的定式。

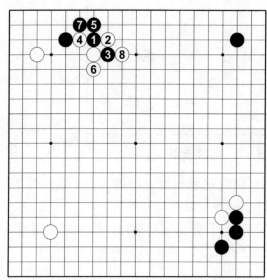

图5-3

围棋忍道1 岛村俊广是和桥本宇太郎同时期的老一代棋手,他的棋风最大特点就是讲究"忍"。"忍"这个字的写法在日本和中国一样,都是心字上面一把刀,实在非同小可,可是岛村偏偏能忍。

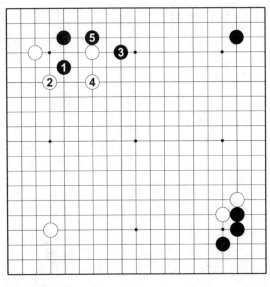

图 5-4

图 5-4 黑1关,则至黑5为止,也可考虑,这也是定式的一型。谱白 12 也可于——

围棋忍道2 有时候从局部看,岛村的棋有些软,以至于让人产生"这样下行吗"的疑问,可是岛村仍然不慌不忙,神态自若。对此,武宫正树九段评论说:"日本第一流棋手虽然各有各的诨号,但没有像岛村先生的'忍'字那么贴切的。"

图 5-5 白1飞,黑2托,以下至白7为止的定式也可考虑。

实战白 12 若 A 位尖,则会被黑于 B 位压,似乎不好,所以选择实战拆二,但比较其他应手稍有迟缓之感。因此黑才转到 13 位断的必争之点。白 14、16 是此际的定型,这是岛村九段得意的布局,执白时常用。

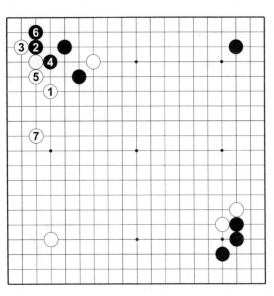

图 5-5

图 5 - 6 黑 17 拆拦是正确的方向,这一着对右边白棋三子具有攻击的威力。黑 17 的其他着法有于 19 位开拆,这步棋极为令人所垂涎,但是白棋立即于 A 位或 B 位开拆,颇为有力,白棋的姿态便安定了。

白 18 小飞补角,是不希望黑在此处挂。从布局常识来讲,这是没有问题的,但行棋不是刻板的,目前局面下应做何选择?现在局面的关键处

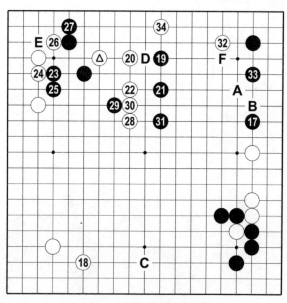

图 5 - 6 实战谱图

在上边。

图 5 - 7 白 1 于上边拆三,局面广阔多变。下一步黑 2 如在左下挂,则白 3 夹,黑 4 点角转换,以下至白 13 虎,也是一法。

实战再如白 18 在这一带落子,则也有拆到 C 位的。

黑 19 是众目睽睽的绝好点。黑能在上边先下手,满意! 此手如在 D 位拆——

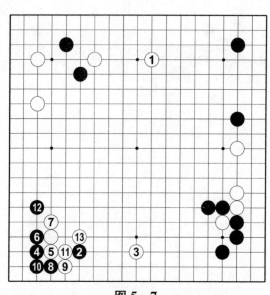

图 5 - 7

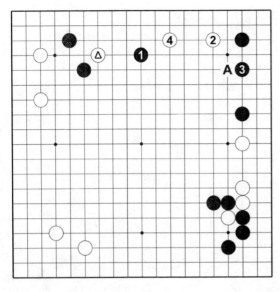

图 5 - 8

图 5 - 8 黑 1 拆,白 2 挂,黑 3(或于 A 位飞)时,白 4 拆二,之后白将舍弃△一子。

实战白 20 拆一当然,白如不在此处行动,被黑鲸吞谱中△子,则毫无妙味。黑 23 飞、25 长,采取稳重的着法,是黑棋的方针。

棋 问

围棋有意思的是,水平越高的越没有意思。

图 5 - 9 黑 1 飞、3 托是定式,在这一局面下,白 4 扳、6 打变化之后,以下至 15 为止,白棋先手得到实地,转身 16 位投入黑阵消空,黑不充分。

实战白 26 如不尖,则被黑于 E 位托,成为安定之形。白 28 不关,被黑镇于此处,难受。都是必然之着。

黑 29、31 如于 F 位飞补,虽坚实,但是过分的坚实。实战的下法,以攻击白棋的态势来控制局面,进行作战。白 32、34 消空,正是时机。

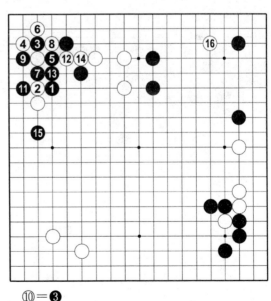

⑩=❸

图 5 - 9

图 5 - 10 黑35尖有劲。此手如反方向尖于A位——

围棋忍道 3 岛村俊广是一位相当懂世故的绅士。他少年时代曾倾向于宗教,时常"寒中打坐",因此有着很好的人生修养。

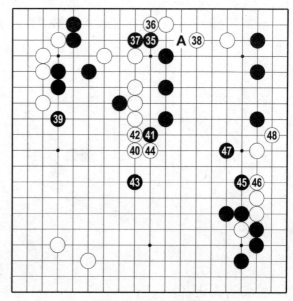

图 5 - 10 实战谱图

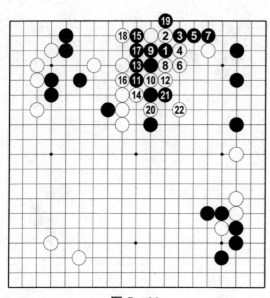

图 5 - 11

图 5 - 11 黑1尖,白2退,黑3扳后,被白4一断就麻烦了。黑5、7退回,白8打好,黑无趣。如果黑9接,则白10挖是埋伏有切断的关联手段,以下至 19 打,白可于 20 位打,黑 21 若逃,白 22 手筋,可枷吃黑两子。

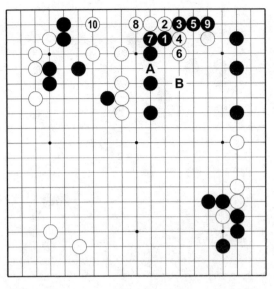

图 5 - 12

图 5 - 12 当白 6 上立时,黑 7 先愚一手,再 9 位退,对此白 10 先行谋活是冷静的好手,此后白棋有 A 位挖和 B 位关的手段,黑空不干净。

实战白 36 长、38 补,右上几子虽然安定,但被黑 35、37 还击之后,中央白棋反受攻击。白在此想采取破势的策略并不成功。黑 39 跳,不仅压迫白左边,还为下一步攻击中腹白子埋下伏笔。

图 5 - 13 黑也可考虑 1 位镇,直接攻击,但白 2 可并,此后对中央白子的攻击并无把握。下一步黑如 3 位飞,则白 4 尖逃。此处白棋也留有 A 位长、黑 B、白 C 的手段,前途不明。

谱白 40 关出,成为头绪繁多的局面。黑 41 觑、43 镇,不管怎样总是从正面遏阻了白方,抓到了中盘战斗的头绪。

谱白 44 曲,黑 45、47 继续贯彻攻击白中腹的方针。

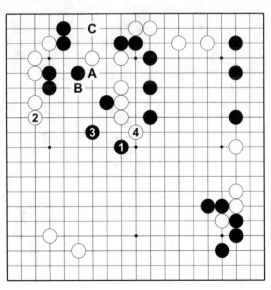

图 5 - 13

图 5－14 黑 1、3 直接强攻，情况就会有变化。白 4 打吃后再 6 位飞，黑 7 跳时，白 8 关舍弃两子，如此成另一局棋。

如谱使白必于 46、48 应，是重视中央的战斗。

棋项

圣人、贤者、庸人、小人、仙佛。如果围棋手谈，那么圣人对等围棋，贤哲最喜坐隐，庸人不会手谈，小人最怕参禅，仙佛超越围棋。

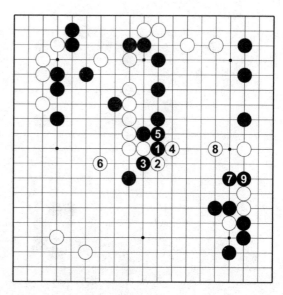

图 5－14

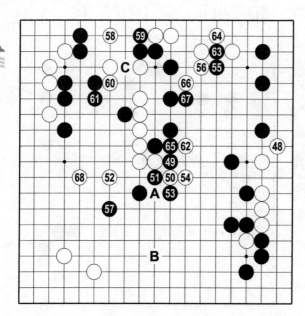

图 5－15 实战谱图

第四谱 48—68

图 5－15 白 48 如果省略——

围棋忍道 4 岛村先生对中国非常友好。1965 年，他以日本代表团团长的身份来中国访问。那时中国棋手的水平还不是特别高，他取得了 5 胜 1 和的不败战绩。

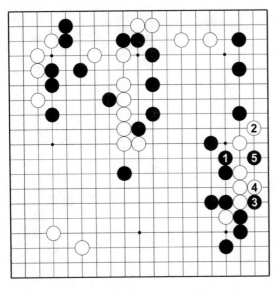

图 5 - 16

图 5 - 16 黑有 1、3、5 的严厉手段,白危险。

实战对黑 49,白 50 扳反抗。此手如果屈服于 51 位应,不能忍受这样的形状。又此手如于 A 位靠,被黑 51 位挖,也无成算。黑 53 打后,白 54 长当然。

黑 55 觑恶手,应直接 57 位飞,或转占下边 B 位的大场,黑优势。黑希望白于 63 位应,这完全是一厢情愿。现遭到白 56 上长的抵抗,中腹黑子顿显单薄。

图 5 - 17 此时黑如 1 位扳,至白 6 后,白有 A 位觑的手段。

实战黑棋为了干净利落,故保留上述下法而于谱中 57 位飞,很明显这是变调。对付白 58,黑 59 曲过于强硬。此手应于 60 位压,待白 C 位接后再转占下边 B 位,则是黑棋愉快的布局。

由于白 60 与黑 61 的交换,白 62 觑是有力的手段。从现在情况来看,当初黑 55 与白 56 交换是劣着。

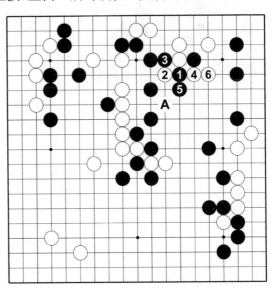

图 5 - 17

图 **5 - 18** 对付白△一子，黑如 1 位接，则白 2 先觑一手后再 4 位挖的手段可以成立，至白 6 接，下一步黑 A、B 两点已无法两全，黑棋崩溃。

对付白 62 的觑，黑 63 冲是煞费苦心的一手。此手的意思是：已做好了白 66 觑时黑 67 应的准备。

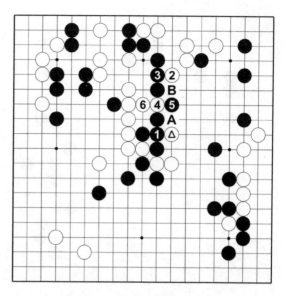

图 5 - 18

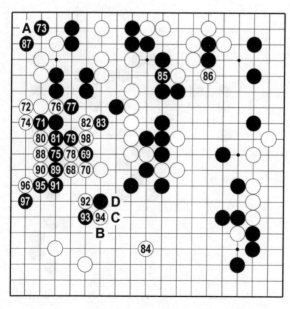

图 5 - 19　实战谱图

第五谱　68—98

图 **5 - 19**　白 68 如立即按——

围棋忍道5　对于中国棋手而言，岛村先生是第一个关注日后被称之为"中国流"布局的日本棋手，这是他最大的功绩。凭着自己的慧眼，岛村先生回到日本后，在实战中大力推广这种布局，为中国棋手的研究结晶在世界棋坛占有一席之地做出了贡献。

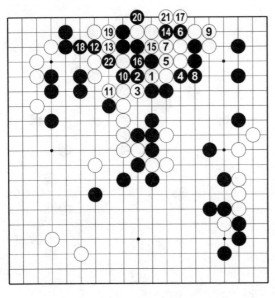

图 5 - 20

图 5 - 20 白 1 冲、3 断,以下至白 9 是可以想定的,至此黑留有 10 位冲的余味。黑 10 冲后变化颇多。其一:如图白如 11 位应,黑有 12 位挖的要着,白如 13 位打,则黑已算好从 14 开始的一连串手段,至黑 22,成劫。

棋 得

少年围棋,天高地厚;中年围棋,顾忌三分;晚年围棋,延年益寿。

图 5 - 21 其二:黑 1、3 打吃一子,也可考虑。此时白 4 只能打吃,以下变化至黑 9,给白棋留下了 A 位的冲断,非常严厉。现在白棋虽然不能贸然分断,但始终是白棋的一个恐怖的埋伏,黑棋有了后顾之忧。

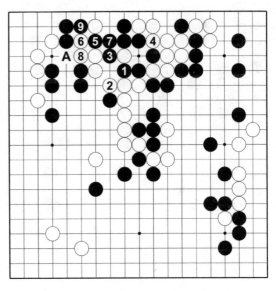

图 5 - 21

图 5 - 22 其三：白 4 若改在此处打，则黑 5 以下至 11 连打，白被吃。

围棋忍道6 在生活中，岛村先生是一个慈祥的仁者；在棋盘上，他是一位沉着的忍者；在精神上，他是一个不折不扣的韧者。曾担任日本棋院名古屋分院棋士会长的酒井通温八段回忆说："我年幼时差不多每天都要与岛村先生下棋，以后他到东京树立了光辉的战绩，后来再度回到名古屋。"

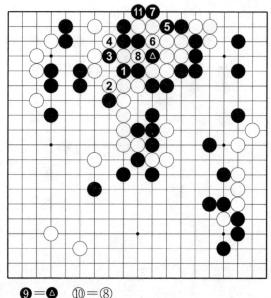

⑨＝△ ⑩＝⑧

图 5 - 22

图 5 - 23 其四：回到黑 1 冲，白 2 改变应法，则黑 3 接、5 断，从外侧收紧白棋是要领，白 6 除了补 A 位的挖之外，别无良策，此时黑便可脱先占据 7 位的大场，黑无不满。这也可看成是黑棋弃子取势的一个构思。

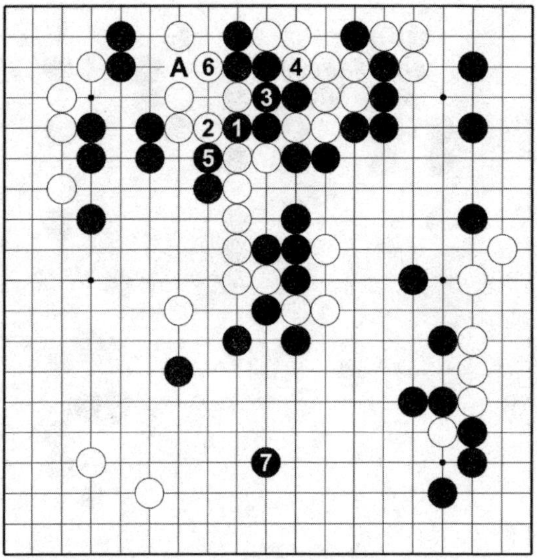

围棋忍道7 羽根泰正和山城宏是岛村亲手培养出来的九段，证明岛村先生的教育之法是非常出色的。岛村先生本名"利博"，1957 年改为"俊宏"，1971 年再改名为"俊广"。

图 5 - 23

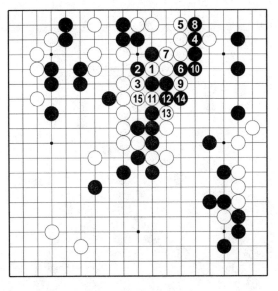

图 5－24

图 5－24 结论:第四谱黑 63 如果后冲,就不能希望白方的应手还和谱中一样了。此时白会 5 位立,黑势必 6 打、8 冲,如此白 9 至 15 的手段可以成立,黑四子被擒,明显黑不利。

由此可以看出,第四谱中黑 63 隐藏着上述复杂手段,先冲一手是极要紧的。

白方也认为立即行动不妙,因此保留上述狙击手段,而于 68 关,反过来采取先攻左上边黑子的作战策略。白棋以先手结束了上边的战斗,转占 84 位的绝好点,腾挪成功。第四谱中黑 55 之不当,至今仍产生影响。[解说之深,全局之谋,不得不服。——编者注]

黑 73 跳,借棋行棋。

黑 85 接,只有将此处走好,才能对上边、中央、左边三处白孤棋保持攻势。白 86 不能错过,如省略,则黑于此处长是先手。

黑 87 将白从角上赶向中腹。此手如下在 88 位等处,被白于 A 位靠即安定,黑不好找攻击的调子。白 88、90 谋生虽难受,但必须下。黑因此而于 91 位伸出,成为厚实的姿态,掌握了局面主导权。白 92 靠

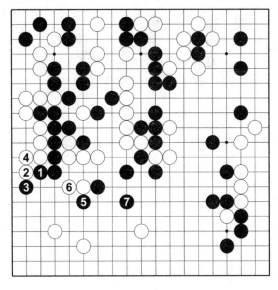

图 5－25

时，黑93随手。

图5-25 黑1应先曲一手，至白4的交换，再5位扳，次序才对。白6长，黑7关整形。

实战白94扭断，黑95曲，变调！此手仍应于B位打，待白C长，黑再D位跟长，方为正着。白98问题手。

图5-26 白于1位打才好，黑2点虽是有力的狙击，但白3接、黑4退时，白5夹好手，以下至黑12双方必然，白13尖顽强，局势不明。

棋　忌

劫入围棋，乃是心有所忌。所谓，心有千千结。虽

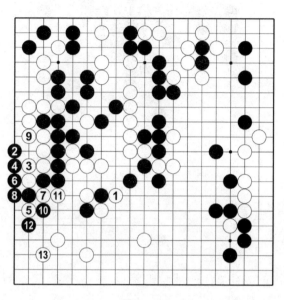

图 5-26

然九死而不悔。

图5-27 黑4扳也是一法，以下至黑8的变化，如此成劫。这样下，黑有所担心。

围棋忍道8 岛村俊广，1912年4月18日生于日本，1925年拜铃木为次郎门下，与木谷实、关山利一、半田道玄成为师兄弟。他曾先后夺得过王座、最高位和围棋选手权等冠军。在岛村30多岁的全盛时期，他的战绩与实力一点也不

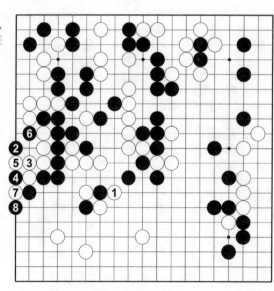

图 5-27

亚于高川格和木谷实。

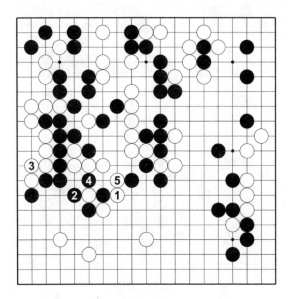

图 5 - 28

图 5 - 28 因此白 1 打时,黑 2 大致会反打,此时白 3 再接是好次序。黑 4 提则白 5 退,是争胜负的局面。

棋 曲

春雨宜听棋,
夏雨宜弈棋,
秋雨宜谈棋,
冬雨宜酒棋。

第六谱　98—141

图 5 - 29 由于白 98 失去了这个机会,黑 101 打、103 贴,重振旗鼓。白

104 打、106 接,只能在价值不大的地方出头,难受。

黑 107 打,贤明,至黑 119 弃掉三子,在下边围得很大的地域。白 122 关时,黑 123 曲是时机。

白 124 只能在这边打。

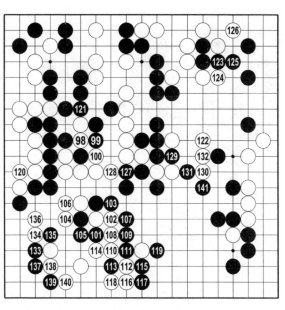

图 5 - 29　实战谱图

图 5 - 30　白 2 以下虽是明显的反击手段，白在角上获利，但黑 13 顶，中腹几子被鲸吞，白大亏。

实战白 126 补后，黑 127 至 132 将中央走干净，必然。由于从黑 133 开始到 140，左下角已经走出了头绪，再回到中腹黑 141 扳，好次序。

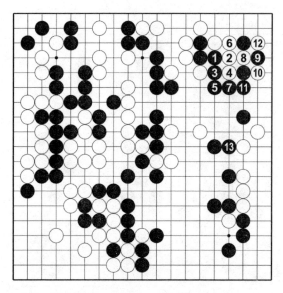

图 5 - 30

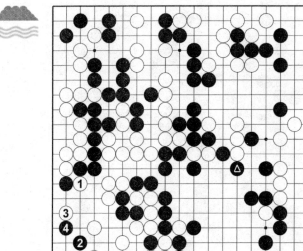

图 5 - 31

图 5 - 31　黑△若直接走中腹，白 1 断，黑 2 点角，白 3、5 强硬，角上无棋，如此成为细棋局面。

实战左下角的情况应该是白 138 导致的。

棋　佛

凡人最怕佛，所以面对石佛，最飘逸的围棋天才也会露出破绽。

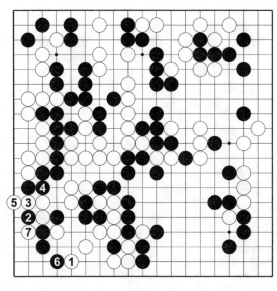

图 5-32

图 5-32 白1尖顶强抵抗,才是最凶的下法,黑无非走2扳、4接,白5立后,角上被吃。

实战白138挡后,黑139先手扳,角上留下余味。

第七谱　42—95
(即142—195)

图 5-33 白56无理,此手除了A位立之外,别无他着。对付黑69——

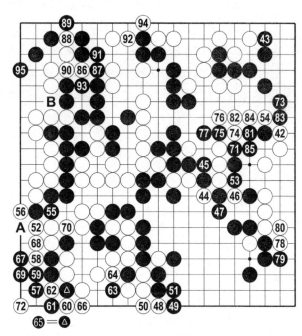

图 5-33　实战谱图

图 5－34 白 1 若点眼,则黑 2 以下先手吃掉白△一子。

实战黑 71、73 也是价值很大的地方,放弃角部劫活。黑 95 尖,瞄着 B 位的冲,白棋推枰认输。

棋卦

先天八卦,竖看;

后天八卦,横看;

围棋八卦,合看。

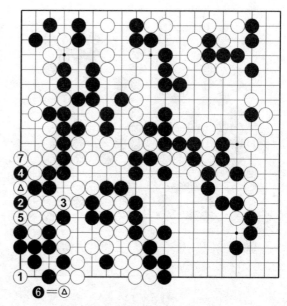

图 5－34

坚持拼搏精神,是我们需要努力的方向。拥有勇气来面对失败,拥有对棋艺孜孜不倦的钻研精神。研究出新手的喜悦,理解棋理的深刻,找到妙手的快乐,这些都是我们所向往的追求。

第6局 日本朝日新闻社主办的 "新春特别棋战"

黑方 藤泽秀行九段　白方 吴清源九段

（黑贴五目 共254手 白中盘胜 弈于1964年4月18、19日）

吴清源 解说

第一谱 1—33

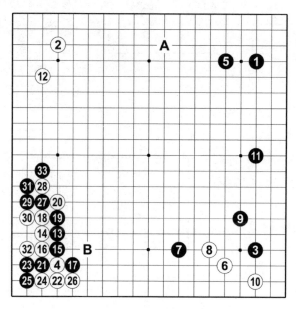

图 6-1　实战谱图

图 6-1　黑11拆,白方有于左上或于左下守角两处可走。

　[黑1、3相向小目,现在的日本六冠王井山裕太喜欢这样下。——编者注]

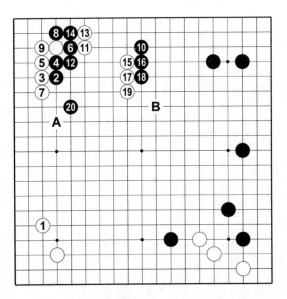

图 6-2

图 6-2 白 1 守左下，则黑 2 挂，白 3 如托，黑 4 顶至 8 打后，黑抢得先手走 10 位拆，此处是黑以右上角为中心向两翼扩展的绝好点。此形虽留有白 11 夹的攻击点，但如此将会成为从黑 12 至 20 为止的变化。下一步白如 A 位飞，则黑于 B 位飞，因为黑做成了大模样，白布局失败。

因此白 12 于左上守角比左下稳妥。黑 13 如于 14 位挂，则白棋会占 A 位大场，此处是双方必争的绝好点。今黑 13 高挂，意味多少不同。

白 14 托后，黑如于 18 位扳，白 16 位退，白走先手定式便可转占 A 位大场，黑中计。今黑识破白计，以 15 顶、17 扳，使白不能脱手。

对白 18，黑如采用 22 位打、白 21 位粘、黑 B 位虎的平易下法，白便可占得 A 位大场，黑对此结果不满。因此黑 19 压，形成大雪崩。黑 25 立即里曲的次序在有些场合不好。〔大雪崩在吴九段的新手未产生之前。——编者注〕

图 6-3 白 1 至 15 为定式一型。走成此定式

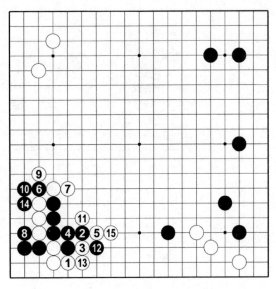

图 6-3

的前提是:谱中黑25先走,白可如——

图6-4 黑1断,白2长,以下至14为止,由于有了黑△与白△的交换,与图6-3相比白稍有利,便宜了两目。但目前局面黑得先手可转占A位的大场,从全局来说黑反而有利。因此黑不怕白2长是黑△先曲的前提。

［解说之细致,研究之透彻,前无古人,后无来者。——编者注］

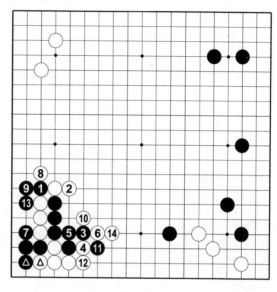

图6-4

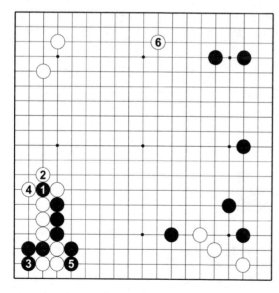

图6-5

图6-5 黑如先在1位断,则白2打,黑3再曲时,生出白4提的变化,黑5后手吃住三子,局部黑棋有利,但白棋能获得先手占据6位的超级大场,局部不妨损一些也是值得的。

实战白26曲,黑27断,以下至33是大雪崩基本型。

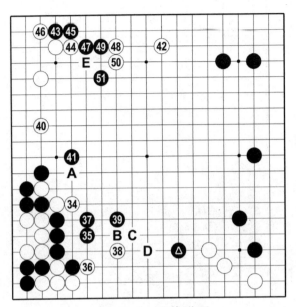

图 6-6　实战谱图

图 6-6　白 34 长是正着,以下至黑 37 为止,是必然的经过,也成为最近定型后常走的次序。白 38 如 A 位关——

图 6-7　白如走1、3,当黑 4 大跳时,白有 5 位及 A 位可选。如图白 5 飞,则黑 6 是要点,以下至白 11,如能吃到黑六子还行。可是黑有12、14 的妙手,白 15 绝对,黑 16 扑后 18 曲,以后白不能于 B 位吃黑,白不行;白 5 如改走 A

位,以下成黑 5、白 C、黑 D。白虽占到 C 位大场,但黑走成 5 位、D 位两手关起的姿态,右边黑棋模样好,且当中的白棋也受攻,如此局面,白不能满意。

基于上述原因,实战白38 飞出。黑 39 当然。此手黑如于 B 位靠,则白 C 位扳,黑 39 位双,白 D 位虎,伤及黑 ▲ 一子,不好。

白 40 是采取暂且放弃中腹三子的策略。假使白40 立即占 42 位大场,黑可

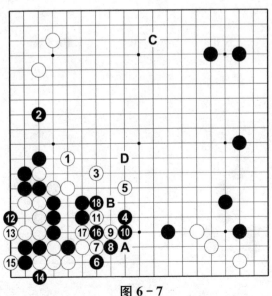

图 6-7

能于 40 位拆二,大攻白棋。故白 40 先拆二。黑 41 飞,是与其在 A 位关,不如扩大一些的用意。白 42 拆,白的目的大体已经达到。黑 43 试应手,是重视实地的下法。

图 6-8 黑 1 碰是过去的下法,以下成白 8 为止的形状,黑不紧凑。

实战白 46 从角上扳挡的用意是:黑如 47 位扳,则白 48 一面开拆,一面将黑逐出并攻击。

围棋传道 1 2009 年 5 月 8 日,星期五早晨,一代围棋宗师,日本名誉棋圣藤泽秀行去世,享年 83 岁。

1992 年王座卫冕战,67 岁的藤泽秀行 3:2 力克小林光一,小林光一当时是棋

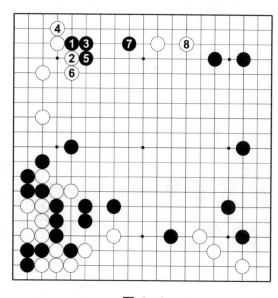

图 6-8

圣、名人,是当时世界第一人。

图 6-9 白 1 若长,黑 2 扳,白 3 夹严厉,下一步白 7 断也是好手,可进行至黑 16 跳,白角上虽成空,但左上整体被压至低线,白不满。

实战黑 49 是要点,此手于 E 位长是坏棋。黑 51 紧要。

围棋传道 2 台上,81 岁高龄的藤泽秀行颤抖着落下了最后一颗黑子;台

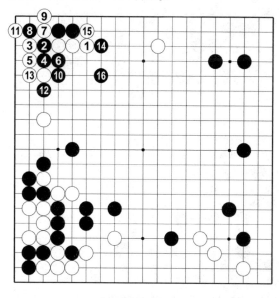

图 6-9

下,数百名观众静寂无声。不到半个小时,藤泽秀行出现误算输给了聂卫平。

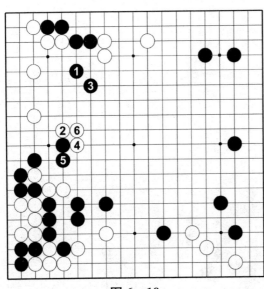

图 6 - 10

图 6 - 10 黑若 1 位跳,则白 2 靠,以下进行至白 6 粘。与本图相比,实战的下法比黑 1 更为紧要。

围棋传道 3　简单复盘完毕,秀行先生挥一挥手,退到了幕后——这是 2006 年秀行先生第 14 次,也是最后一次率团访华的一幕。

第三谱　51—67

图 6 - 11　黑 51 跳出后,白 52 靠,借劲攻黑。

围棋传道 4　棋风华丽的藤泽秀行号称"前五十手天下第一"。出道以后,秀行夺走了日本名气最大、奖金最高的棋圣的第一个冠军。之后,从第一届到第六届,他达成了六连霸的伟业。

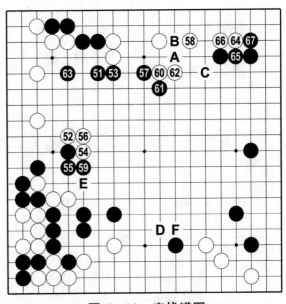

图 6 - 11　实战谱图

图 6－12 白如 1、3 冲断无理，黑 4 虽有其他下法，但黑 4 至 8 跳出也很充分。

谱黑 53 压，紧凑。先安顿上面黑棋要紧，如在 56 扳纠缠，则正中白计。

围棋传道5 第二届棋圣卫冕战给人印象最为深刻，挑战者"刽子手"加藤正夫此时拥有本因坊十段、小碁圣三冠在身，正处于自己棋艺生涯的第一个巅峰时期。

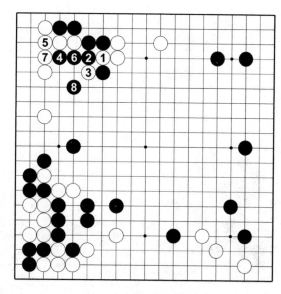

图 6－12

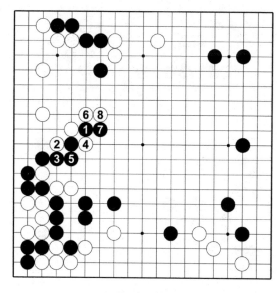

图 6－13

图 6－13 黑 1 扳，以下至白 8 长，不知不觉陷于白棋的包围之中，上方黑子危险。

本局第一关键——白 56 次序错误。

围棋传道6 七番胜负前四局，藤泽秀行以 1∶3 落后，加藤如果拿下第五局，则可将棋圣头衔揽入怀中。

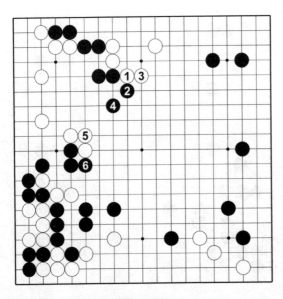

图 6-14

图 6-14 白 1 扳、3 长，待黑 4 虎后，白再 5 位接才是好次序，然后黑 6 曲，白仍保持先手。

实战黑 57 关非常显眼，有此一手便使人感到中央黑形势顿时厚实。由此也可见前述次序的重要。白 58 拆一安定。

黑 59 如于 A 位觑，白 B 位接，黑再于 C 位封锁，也是作战一策。这样白转于下边 D 位逼黑，有此一手即可于 E 位出动，故此时黑需于 59 位补，白便可于 F 位压。如此局面，胜负系于双方中央成空之多寡。

白 60 与黑 59 是见合点。白 60、62 的形态与图 6-14 相比，图中白棋厚而好。黑 63 是攻防的要点。

白 64 觑是在 58 位拆一时就瞄着的好点。黑 65 接、67 曲不得已。

图 6-15 黑 1 挡无理，白 2 冲、4 曲，黑 5 如接，则白 6、8 扳粘后于 10 位断，以下进行至白 14 长，下一步黑如于 A 位跳，则白 B 位尖后有 C 位封锁的手段。

右上角告一段落，下一手白将要侵消黑右边的模样。

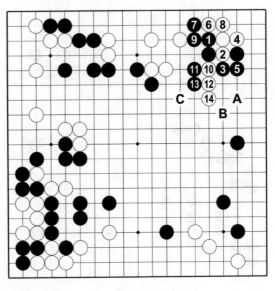

图 6-15

第四谱　68—129

图 6-16　本局第二关键——白失去先手过门的机会。总之,在指向右边之前,也就是白 68 压之前,应先于 78 位觑,与黑 83 接做交换,才是正确次序。

围棋传道7　第五局,背水一战的藤泽执黑,第 93 手长考了 2 小时 57 分钟,创下了棋圣战有史以来的最长时间纪录。

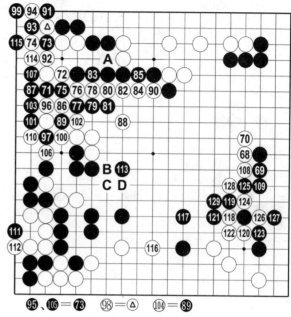

⑨⑤、⑩⑤＝⑦③　⑨⑧＝△　⑩④＝⑧⑨

图 6-16　实战谱图

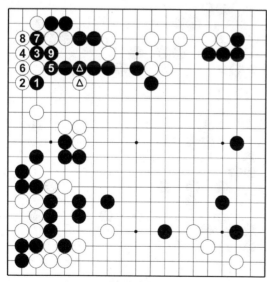

图 6-17

图 6-17　有了白△与黑⬤子的交换,黑 1 靠时,白可让步,走 2 扳、4 虎。

黑 69 如照——

围棋传道8　藤泽经过缜密计算,力挽狂澜,将加藤正夫的一条上百目的白色巨龙活生生屠掉了,最终以 4:3 卫冕。

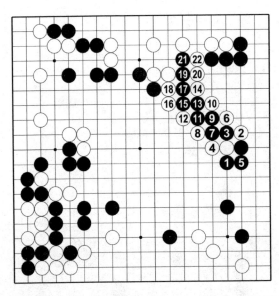

图 6 - 18

图 6 - 18 黑 1、3 扳打,在黑征子有利的前提下是严厉的。而今征子于白方有利,因此不能成立。

黑 71 严厉,是攻击这个棋型的急所。

围棋传道9 在围棋上,秀行先生天才一生。在生活中,秀行先生放荡不羁。酒、赌博、围棋……伴随了秀行先生一生。

图 6 - 19 黑 1 靠,以下至白 6,下一步黑如走 A 位,则白可 B 位断,黑本身不干净。

围棋传道10 曹薰铉回忆说,1975 年前后,藤泽秀行为了看望曹薰铉,专程来到韩国。曹薰铉和一些人前往迎接,藤泽是最后一个走下飞机的旅客。两人在机场拥抱的时候,竟然有一只酒瓶从藤泽的裤兜里掉了下来。

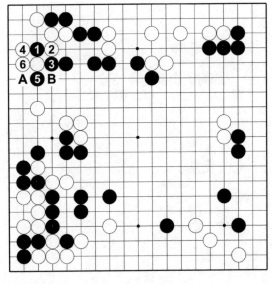

图 6 - 19

图 6－20 黑 1 先靠这边极其严厉，白如 2 扳、4 虎，则黑有 7 至 13 的严厉手段，如果白 A 位与黑 B 位已经做了交换，白便可于 C 位吃黑 9 一子。而今因未做此交换，白即被切断。

因此白不得已而于 72 位顶，不惜一战。

黑 73 断好次序。此处如不先断，则：一、黑 79 长时，白可 83 位曲吃黑一子，黑于 80 位打，白提后，黑便生出 A 位和 81 位两个断点，黑不行；二、白 78 长后，

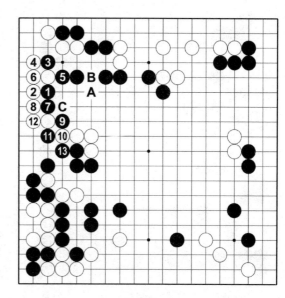

图 6－20

黑 79 再去 73 位断已经来不及了，那时白可 86 位断，双方转换。

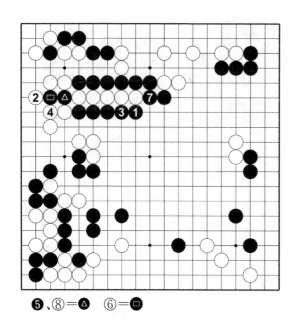

❺、⑧＝△　⑥＝□

图 6－21

白 80 至 86 是双方一定之着。双方在此巷战，激烈拼杀。黑 87 必须立下。

图 6－21 黑 1 的封锁没有用，至白 8 连通后，黑的厚势没有发挥的空间。

黑 89 打吃时，白 90 不能粘。

围棋传道 11 曹薰铉这时才明白藤泽为何最后一个下飞机。原来，他在旅途中一直在不停地饮酒。

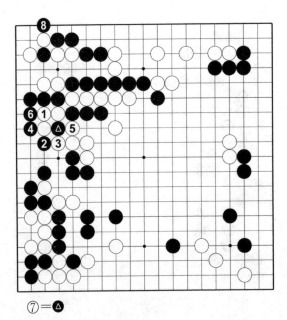

⑦＝△

图 6－22

经典珍藏

图棋传道 12　藤泽秀行一生借了很多钱,全都用来赌博。藤泽逢赌必输,有人取笑藤泽说:"为了还债,他才去下棋。"棋圣战是日本第一大棋战,当时冠军奖金高达 1700 万日元。

图 6－22　白 1 连,黑 2、4 弃子包打先手渡过,然后黑 8 打,白角上被吃。

白 90 断是弃角取中腹,进行转换的作战。

本局第三关键——黑 91 好手! 但黑 93 失机。

图 6－23　黑 1 提简明,白 2 如在角上做活,则黑 3 至 7 先在中腹制造断点后再 9 位做活。此时白 10 立至 14 虽能渡回,但黑有 15 以下的手段,至 23 黑棋活净。这样,由于黑 7 切断了白棋,中腹白棋困难。

问题是,黑 1 提时,白 2 不活角而直接走 10 位立,黑 A 位打,白 B 位粘,对杀谁胜? 解释如下:

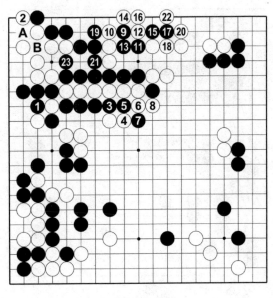

图 6－23

图 6-24　黑 1 接,可以预言是黑棋失败,白 2、4、6 次序好,黑 7 如破眼,则以下白 8 至 14 为止,成为有眼杀无眼,白快一气。

但是黑也有好手。

围棋传道 13　藤泽秀行包揽了棋圣战前六届冠军,但上亿的冠军奖金仍不够他还债。有一次,在藤泽严流岛比赛时,竟然有债主前一天就追到了严流岛。

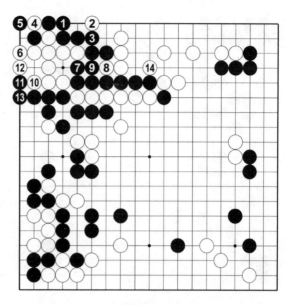

图 6-24

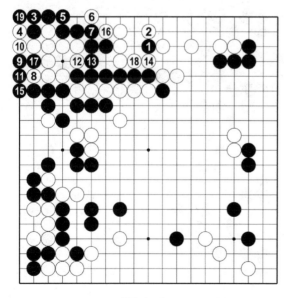

图 6-25

图 6-25　黑 1 先靠,与白 2 交换后,再 3 位接,次序方好。其后,白有 4 位扳和 5 位扑两种下法。今白 4 扳,黑 5 接,白气就不够,双方应对至黑 19 为止,黑快一气吃白。

围棋传道 14　藤泽秀行的弟子、前本因坊高尾绅路回忆道:"我经常手持棋谱去东京赛马场,因为老师叫我给他送棋谱。"

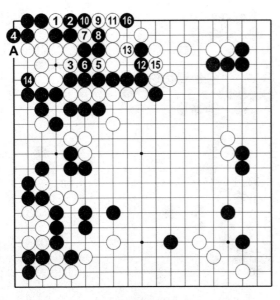

图 6－26

图 6－26 图 6－25
白 4 于本图 1 位扑，黑 2 提时，白 3 先做一眼有力，下一着黑 4 做眼是好手。白 7 如于 A 位立，是自己紧气，黑于 14 位曲，很简单地吃掉白棋；又白 7 如于 8 位曲，黑于 7 位接，黑快一气吃白。今白 7、9 是最善的着法，但黑有 12 位接长气手段，以下从白 13 到黑 16 为止，黑快一气胜。

图 6－27 图 6－26
中白 3 的变化：白 3 试扳于此，则黑 4 是要点，以下黑 10 退后，白 11、13 仍然别无他着，这样黑 16 接后，黑宽一气，其后从白 17 至黑 20 为止，黑快一气（此后白 A、黑 B、白 C、黑 D）。

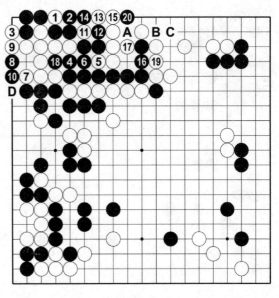

图 6－27

经典珍藏

104

图 6 - 28 图 6 - 27
中白 17 的变化：由于白 17
自己也撞紧一气，现在试于
角上打吃，此时黑 18 挖与
白 19 交换，是有效的一着。
黑 20 接，白 21 提三子，黑
22 反提一子，以下 23、25 虽
成劫，但黑在 A 位有很多本
身劫材，对杀仍是黑胜（当
然中腹白六子被提，白显然
不行）。

那么，图 6 - 25 中黑 1
与白 2 的交换，为何如此重
要呢？

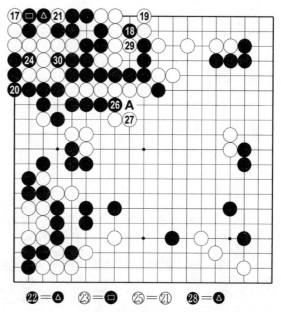

㉒＝△ ㉓＝□ ㉕＝㉑ ㉘＝△

图 6 - 28

图 6 - 29 走成图 6 -
26 的变化后，黑再走 1 位靠时，白有 2、4 的非常手段，此处成为劫争，这时黑
于 A 位冲不是劫材。由此可看到图 6 - 25 中，黑 1 和白 2 先做交换，为的是
防止如此颠倒胜负。

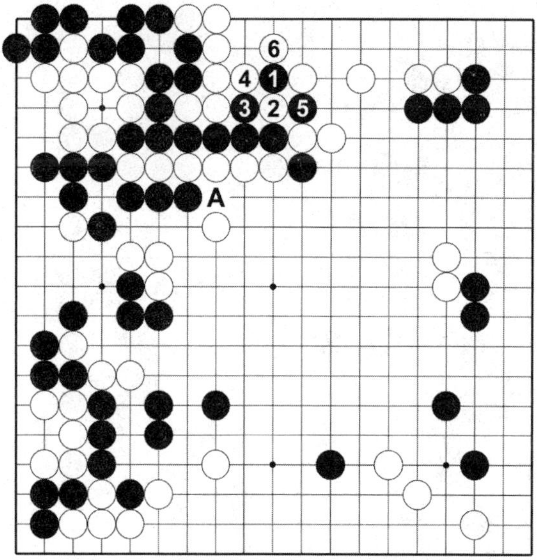

实战黑 93 打得角，以
下成至 107 为止的转换。
黑棋虽然吃掉白角，但并不
大。而白吃到中腹黑三子
之后，上下两处白棋都已安
定，且是先手，如此转换，白
不坏。黑 113 如不关，则白
有 B 位扳，黑 C 位扳，白再
D 位连扳的手段。

白 118 靠，攻击中央黑
子，这步棋原是所谓"借动
而攻"的常识性要着。但是
从其结果看，无趣。此手应

图 6 - 29

于 121 位关, 悠悠而攻。白 120 在 121 位长为本手。不过这是与 118 相关联的要着, 黑如让步于 126 位应, 白便可于 129 位连扳攻黑, 颇厉害。

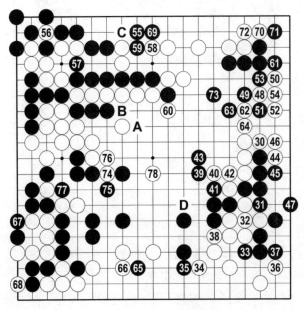

图 6-30 实战谱图

黑 121、123 好手, 这样一打一挡, 白意外地走不好了。白 124 如于 129 位断, 被黑 128 位长, 毫无意思。白 128 非切断黑的根源不可。

第五谱 30—78
(即 130—178)

图 6-30 本局第四关键——黑 33 曲失误! 黑 33 似是攻击白棋的要点, 事实上影响胜负。

图 6-31 黑 1 尖, 实利很大, 白遭此攻击, 角上并无巧妙的处理方式, 只有从 2 至 8 求活, 为了做眼伤及左边白地。此后黑 9 转到右上拆二, 此处黑棋也安定, 全局黑棋优势。

谱白 36 尖, 实利很大。白 38 不能省。

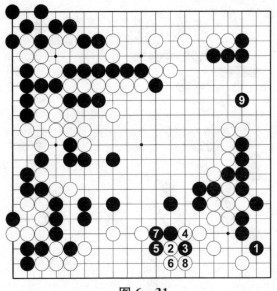

图 6-31

图6-32 白若不补，则黑有1位跨的严厉手段，至黑5，白崩溃。

黑43长舒畅。单就黑43为止的形状来看，形势不错。然而此手在中腹成不了多少空，又不能攻击薄弱的白子，实质上没有多少效果。

白44扳、46接，绝对先手。再转拆到48，便宜不小（请与图6-31比较）。局面至此，白已不会轻易败北了。白50应对正确。

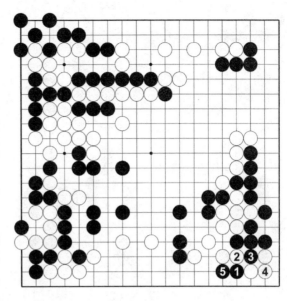

图6-32

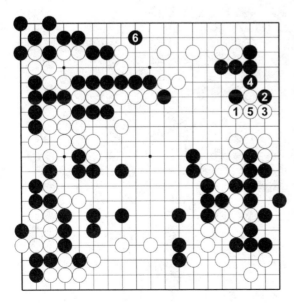

图6-33

图6-33 白1扳则不够紧凑，被黑2夹、4打，先手定型后再转占6位的大棋。

实战黑55是盘上最大之着，此手如于中央等处围，则没有意思。白56先提，问黑棋如何吃。

围棋传道 15 对中国围棋界而言，秀行先生是一位前辈、一位师长，自1981年开始，他先后14次率"秀行军团"自费访华，与中国青年一代棋手交流。

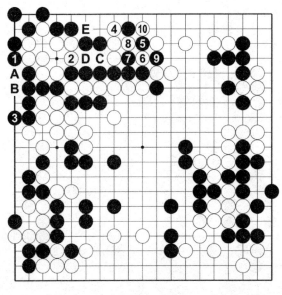

图 6-34

图 6-34 黑 1 位渡,不干净。白 2 做眼后,便有 A 位扑、白 B、黑 3 扳成劫的手段。此处对黑而言是宽气劫,但对白来说是无忧劫。黑 3 如防止打劫而补,则白 4 立,黑 5 尖后,白又生出 6 至 10 的打劫手段。黑如劫败,则白 C 位冲,黑 D 位接,白 E 位断吃,就严重了。

实战白 60 打本手,也是大棋。白如不走,则黑 A 位靠,白 B 位接,黑再 60 位长,厚实,中央便可成空。

黑 69 大。如白挡到 69 位,下一步有 C 位夹,渡回白子的着法。

白 70 与黑 73 是双方各得其一的地方。对白 74、76 挖接,黑 77 提,补棋干净。白 78 是黑地和白地的中心点,下一步瞄着 D 位靠的要点。

第六谱 79—154
(即 179—254)

图 6-35 黑 79 到 83 收紧白棋,含有于 127 位虎的先手。白 84 改在 85 位飞,要能得到先手才好(黑如 84 位应,则白 92 位断),此时估计黑不致放任白棋于 92 位断,

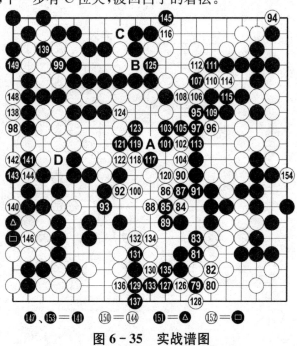

⑭⑦、⑮③＝⑭① ⑮⓪＝⑭④ ⑮①＝△ ⑮②＝□

图 6-35 实战谱图

因而不会 84 位应,而可能在 88 位等处抵抗。由于这些地方不能事先算清看透,因此白 84 靠。虽然送黑棋吃,略有损失,但至黑 89 是简明的应对。

白能走到 92 位断,白不坏,故选择简明的下法。白 102 是形的要点。

图 6 - 36 接下来黑 1 如曲,则白 2 尖顶,黑 3 接,白 4 以下至 10,腹空被白全部收去。

围棋传道 16 秀行先生为推动中国围棋事业的发展做出了重大贡献。马晓春、刘小光,还有江铸久等人谈起秀行先生,无不毕恭毕敬,再往后,常昊也曾多次得到秀行先生等人的指导。

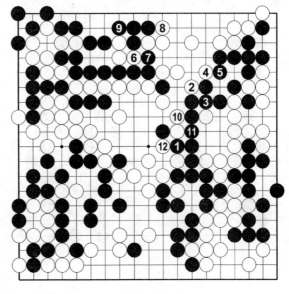

图 6 - 36

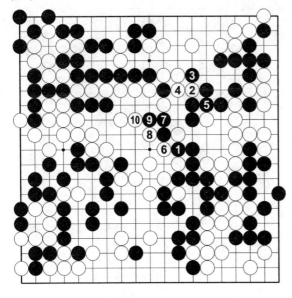

图 6 - 37

图 6 - 37 图 6 - 36 黑 3 如改于本图 3 位打吃再 5 位接,白仍可 6 至 10 先手收尽腹空。

黑 103 正着。白 110 断吃,大,此处不走,黑便于 112 位顶。对黑 117,白 118 如于 120 位接,嫌小。黑 119 如于 120 位扑吃,白 A 位打得先手,黑提白三子,白便 B 位曲,黑 C 位渡,白能 125 位接回几子,很大。白 126 断吃,官子大。

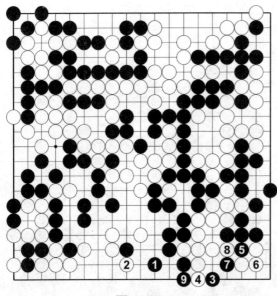

图 6-38

图 6-38　黑1虎是先手,白如不应,以下至黑9为止,白被杀。

实战白能够126断吃,成为细棋,白优势确定。黑133如照——

围棋传道17　秀行先生的魅力已经超越了围棋界,除了中日棋手外,韩国棋坛领袖曹薰铉也尊奉藤泽秀行为老师。不管怎样,秀行先生的超凡棋艺和人格魅力,将永远留在围棋爱好者的心中。

图 6-39　黑1断,白2至8追吃黑子,黑9提以下至黑17,角上成劫。由于黑此处劫败后,白A位打,右边黑棋即被杀,因此黑没有相当的劫材。

实战黑143是看到棋已失败,因此顽抗。黑143如于144位粘,则白D位接,由于贴目的关系,黑棋已败。

最后是黑棋"宁为玉碎,不为瓦全"的手段。

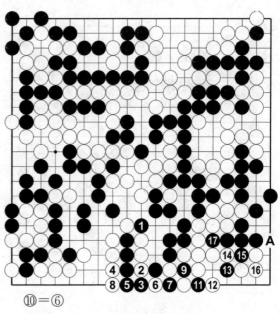

⑩＝⑥

图 6-39

110

第7局　日本十段战五番胜负第5局

黑方　半田道玄十段　白方　藤泽朋斋九段

（黑出五目半　共259手　白胜七目半　弈于1965年1月4日）

吴清源　解说

第一谱　1—42

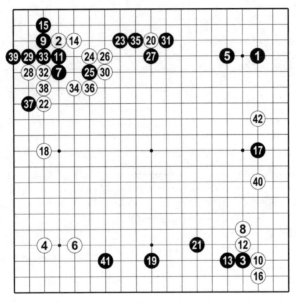

图7-1　实战谱图

图7-1　并不是从最初就打算走模仿棋。黑3如果占12的星位，就不可能成为模仿棋了。白22拆二，停止了模仿棋。

黑23打入攻击，白24虽然走重了，但以后白在28位觑就有效。如果让黑在24位封吃白棋两子，白在28位觑就不是先手。黑25有简明的下法。

图 7-2　黑在 1 位压是简明的下法，白如在 2 位长，黑则走 3 至 7 为止，先取得先手再于 9 位拆二。

围棋申遗 1　中国围棋申报联合国"人类非物质文化遗产代表作名录"（简称"围棋申遗"），是新形势下传承和弘扬中华民族优秀传统文化的一项重要内容，是围棋事业发展的一件大事，也是体育文化建设的一个组成部分。

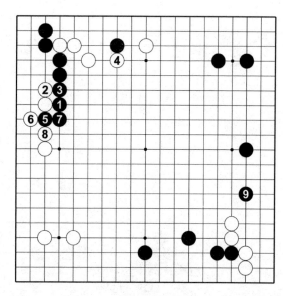

图 7-2

图 7-3　如果白方不愿意走成图 7-2 形势，则白 2 大致只能扳，黑 3 关到黑 5 靠住，黑棋步调也很好。

白 26 长，虽是贯彻 24 的初衷，但嫌走重。

围棋申遗 2　中国人喜爱围棋，传播围棋，赞美围棋，首要原因是围棋起源于中国，是中华民族的发明创造。中国人下围棋，是带着特殊的民族感情、家国情怀和文化认同感的。

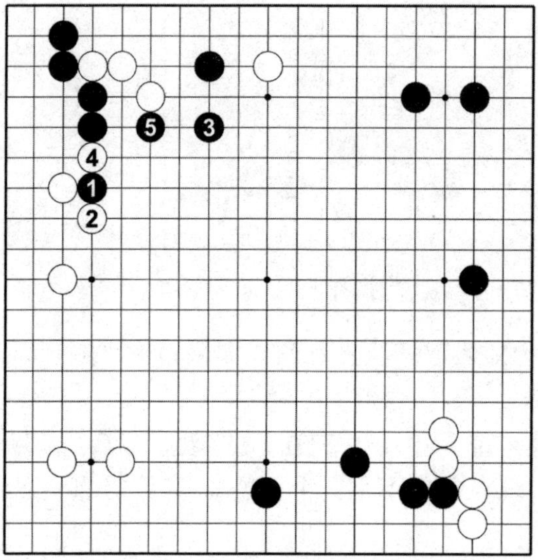

图 7-3

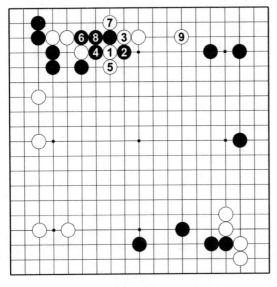

图 7-4

图 7-4 白还是 1 位压为好,黑 2 扳时,白 3 断,到白 7 为止,先手取得便宜后,再转到上边 9 位拆二,这样较好。白 30 也有照——

围棋申遗 3 国际对围棋的认可程度越高,围棋作为国家软实力的作用就越大。向全世界宣传和推广围棋,实质上就是把围棋所包含的中华文化的深厚内涵传播到全球。

图 7-5 白 1 觑后再 3 位觑,黑 4 不可省略。接着,白 5 以下到 13,虽多少有些不净,但可以封锁黑棋。

实战到黑 39 为止的结果,黑棋不大好。白 42 不好。

围棋申遗 4 围棋既是一项智力博弈活动,同时又包含了丰富、深厚的文化内涵。围棋既具有竞技性特征,更具有文化性、艺术性特征,是竞技与文化、艺术高度融合的统一体。

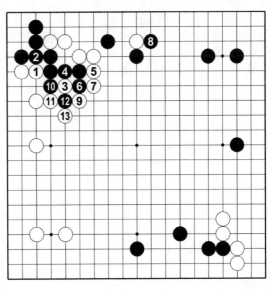

图 7-5

图7-6 白1扩是有效率的一手,黑如在2位关起,则白3位镇,这样便能充分地和黑棋进行实力对抗。

围棋申遗5 中国古人认识宇宙,与宇宙沟通的重要理念,是人与宇宙一体,体现的是一种统一、整体、和谐的思维方式。而围棋蕴含和表现的,正是这样的全局、整体和均衡观。

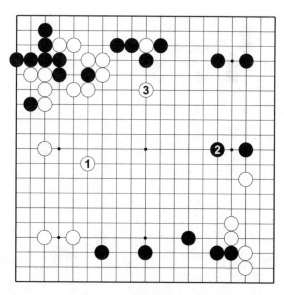

图7-6

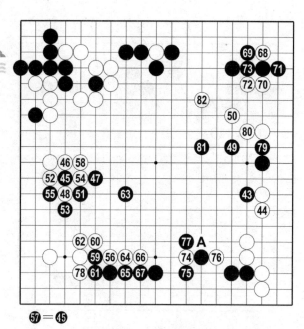

⑤⑦=㊺

图7-7 实战谱图

第二谱 43—82

图7-7 黑45尖冲是好着,一举而使白棋模样变薄。白48也曾考虑照——

围棋申遗6 围棋传入越来越多的国家和地区,被不同民族和文化的人们所接受,在不同地域生根、发芽,以新的面貌出现。围棋在亚洲及欧美国家的传播都有创造性发展。

114

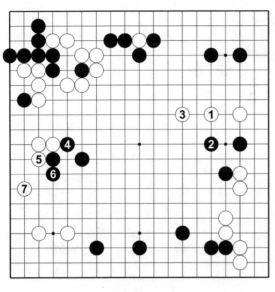

图 7-8

图 7-8 白 1 关,黑 2 关后,白 3 再关。由于下一步黑 4 虎是好着,所以不愿意这样走。但白走 5 曲、7 飞,似乎也很充分。

由于白在左边落了后手,被黑 49 飞攻,白右边就苦了。黑 51 如照——

棋 路

围棋本无路,
黑白征战苦;
本来枰上空,
何来计赢输。

图 7-9 黑走 1、3 轻灵地腾挪。由于是在白棋坚固的地方,谱中即使走了黑 51、53 也没有用处。因为这个原因,这两着变成了薄弱之着,颇不如意。

白 52 打,紧凑。如在 55 位立,虽大致可以确保左边地域,但不紧俏。白 56 如照——

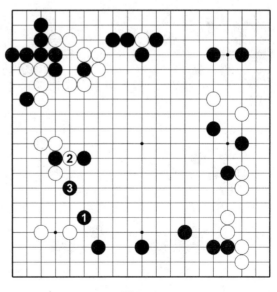

图 7-9

图 7 - 10 白 1 断,开劫,是无理的下法。白棋只能走 3、5 寻劫,黑棋不应而于 4 位提一子,开花大极(白 1 也成废棋)。以后黑 6 是强手,白棋不好。

实战白 56 靠压,自身出头兼分开黑棋,以下双方变化至 67 是正常应对。白 68 试黑应手。黑 69 还有更好的下法。

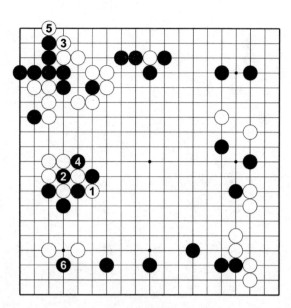

图 7 - 10

图 7 - 11 黑 1 尖,有攻击白两子的意图。白如在 2 位拆防守,则黑在 3 位虎,这种走法比谱着为优。

实战走到 72 的结果,感觉白棋很满意,先手补强。白 74 最初的想法是——

万年劫

只见她龙飞凤舞地草写了一则:"欲罢不能(猜一围棋俗语)。"她心里明白,这个谜底便是"万年劫"。

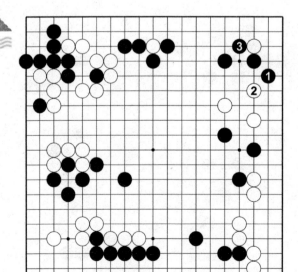

图 7 - 11

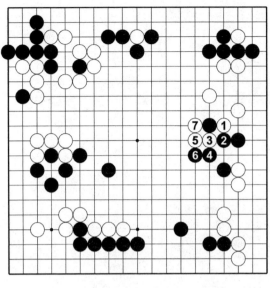

图 7 - 12

图 7 - 12 白 1 尖到白 7 为止,这样走较好。如果走成至白 7 为止的姿态,白棋厚实。

白 76 也曾考虑照——

围棋申遗 7 近 10 年,中国夺得的世界围棋冠军总数,已经超越韩国、日本,以及中国台北所得冠军数的总和。以 2013 年中国囊括 6 项围棋世界冠军为标志,世界围棋格局发生了历史性变化。

图 7 - 13 白可 1 长,至白 7 止,进行攻击。但又恐怕会走得太过火,反而生出破绽难以收拾,因此采用如谱的着法。

黑 77 应该在 A 位长。白 78 挡下很大,白棋安定。黑 79 至 82 是平静的攻防,消除图 7 - 12 白棋的手段。

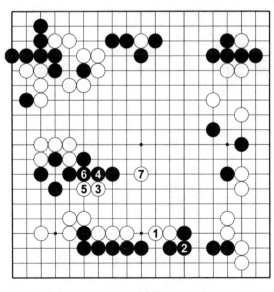

图 7 - 13

图 7-14 黑 85 应在 97 位虎,将中腹走厚。白 86、88 先手压缩黑阵。黑 89 轻率,正因为走了这着,以后白 100 以下的手段就成立。黑 89 应直接在 91 位挡。白 92 敏锐,黑 93 双,只能如此。

白 94 是早就准备走的要着,异常锐利。黑 97 如照——

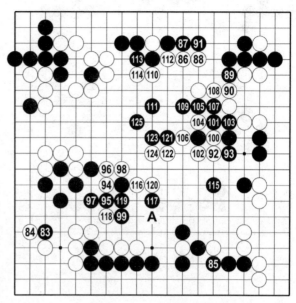

图 7-14　实战谱图

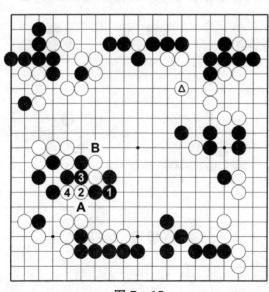

图 7-15

图 7-15 黑 1 接,白 2 扳出,黑 3 断,以后 A 位打和 B 位征,黑必得其一。但有了白△子后,黑已经不能在 B 位征吃白棋了。白 4 双,黑棋崩溃。

黑 99 虎,留有白在 116 位的扳打,似乎难受。但如在 116 位长——

118

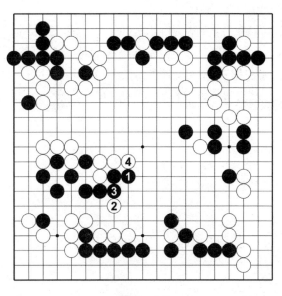

图 7 - 16

图 7 - 16 黑 1 长,白 2 觑,先手防黑切断三子,下一手白便在 4 位贴,继续压迫黑棋,白中腹潜力很大。

白 100 是强行的走法,大致只能在 116 位扳打。双方实战至白 110 夹是预定行动。黑 111 应单在 115 位关。

白 116 打痛快,黑 117 机灵,白 118 先手补断。黑 121 应在 A 位双。实战黑 121 至 125,局面也没有大的变数。

第四谱 26—159
(即 126—259)

图 7 - 17 白 30、32 先手拔花,全局优势明显。

白 38 是最大官子。黑 43 顶补活,是防止白在 85 位扳的手段。白 44 飞白鹤伸腿,价值是先手九目。

黑 47 跳,继续向白空中渗透。白 48 顶试黑应手,黑如在 148 位挡,白就在 52 位扳成腹空。黑若在 52 位长破空,则白在 148 位冲,先

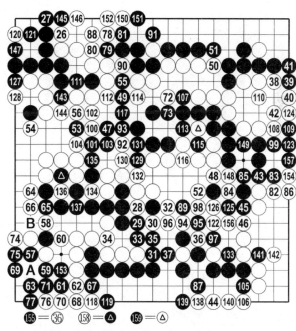

图 7 - 17 实战谱图

手破黑眼位,黑大棋危险。故黑49以攻为守。

白52护空,不为所动。黑53跳先手,白54必须补一手。黑55冲,白56双,必须补断。黑57断,白在A位打,黑只有B位反打的便宜。实战白58在外边打,允许黑棋活角,双方变化至黑71,局势大致两分。

白78跳,是此时最大的地方。黑81必须补一手,白86立是胜利宣言。以后的官子已与胜负无关。

围棋申遗8 不仅围棋界,其他各界一些热心人士纷纷以不同方式表达了国人对尽快完成围棋申遗的共同心愿。出现这种局面的根本原因,是出于国人对中华民族文化瑰宝围棋发自内心的热爱。

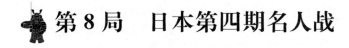

第8局　日本第四期名人战

黑方　榊原章二七段　　白方　吴清源九段

（黑出五目　共261手　黑胜三目　弈于1965年1月13、14日）

吴清源　解说

第一谱　1—25

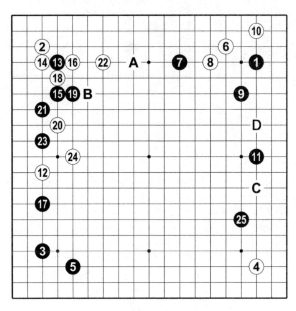

图 8-1　实战谱图

　　图 8-1　黑 1、3 的姿态，一般称之为"对角"布局。榊原先生得意于这种布局，在名人战中，至本局为止都采用了这样的布局。至白 12 开拆为止，黑棋下一着无论如何要在上边下子，如果脱先投他处，则被白夹于 A 位，甚为难受。

　　黑 13 挂是榊原先生的布局构想，这一手棋与下一步黑 15 是相关联的趣向之着。白 14 长时——

121

图 8-2　黑如于 1 长、3 拆,虽是定式,但白 4 飞之后,再于 A 位打入将是严厉的。此时,黑棋上边的间隔中,又无好的围补方法,黑棋无趣。

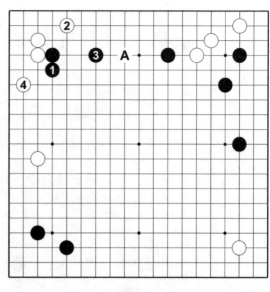

图 8-2

在一般情况下,黑 15 关之后,被白夹于 16 位,就局部来说是黑棋稍损的。因此实战中不大这样走。然而本局中这样走法,因有下一步黑 17 绝好之拆。这一局面,可以肯定黑 13 至 17 的趣向之着是成立的。

白 18 如于 20 位夹,则黑于 B 位关。今白 18 吃黑一子,等黑 19 长出之后,白 20 再夹,方有次序,如此上边白棋较之前述着法为厚。对付黑 21——

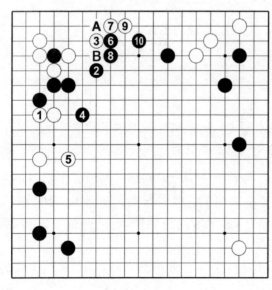

图 8-3

图 8-3　白棋如 1 位挡,则黑 2 飞,白如 3 应,则黑 4 飞后再 6 靠,当白 7 扳时,黑 8 不可于 A 位扭断,否则白于 B 位顶,黑即缺乏效能。今黑 8 退,白 9 长出后,黑再 10 位跳,黑成厚形,如此初局便走尽了变化,对白来说不妥。

实战白 22 于上边拆一,较之图 8-3 着法多变。由于白棋左边脱先,黑 23 在此攻击,当然。

白 24 是"形"。黑 25

好点。此手如不走,则白占 C 位是绝好之拆。白拆了以后,还有于 D 位打入的狙击手段。

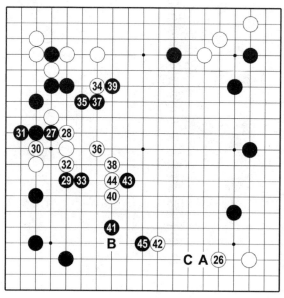

图 8 - 4　实战谱图

第二谱　26—45

图 8 - 4　白 26 如在 A 位拆二是否好呢?此处拆一与拆二何者为好,很难讲。如果于 A 位拆二——

围棋电脑 1　"李世石一言不发地看着棋枰,世界随之一言不发。"

2016 年 3 月 9、10、12、13、15 日,由谷歌旗下 Deep Mind 公司团队开发的"阿尔法狗"围棋人工智能程序(Alpha-Go)在韩国首尔四季酒店与世界最强棋士之一李世石进行人机五番棋对战。

图 8 - 5　白 1 拆,黑 2、4 好手,这两步棋是最近的新手法。白如 5 位扳,则黑 6 位扳挡,可以制止白棋从下端侵入黑空。

27 位如被白占去,白棋就厚实了。因此黑 27 先冲一着,再 29 攻,是预定的行动。白 34 好点,动须相应。黑 35 尖出后——

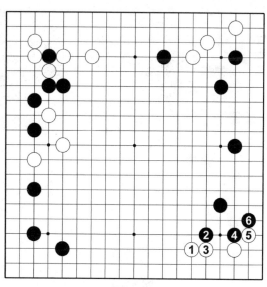

图 8 - 5

123

图 8－6　白曾考虑 1 压、3 枷的强攻策略，可是被黑走 2 至 8 长后，白棋便不好走。以下到黑 10 接、14 立时，白如与之对杀，无论如何气总不够。因此，白 15 只得向外逃，这样黑 16 曲至 20 尖为止成活，白棋无趣。

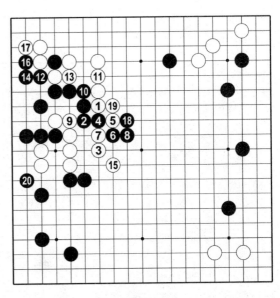

图 8－6

图 8－7　白也有 1 位枷的下法，但黑 2 冲以下至 8 打，白 9 打时，黑 10 退后，下一步 A 位冲或 B 位长，两者总可得其一，白难受。

所以，谱中白 36 关、白 38 尖，黑 39 当然扳，至白 40 关为止，这样的结果，可以认为是两分天下。

黑 41 走高一路，比下在 B 位攻更有魄力。这是不简单的一步好棋，此着也体现出榊原先生的实力。下一步黑棋尽量开拆到 C 位，又是好棋，因之白 42 先拆。

黑 43 觑与下一步黑 45 相关联，构思非凡。现在白棋是在上面扳还是在下面扳呢？不算准是不行的。

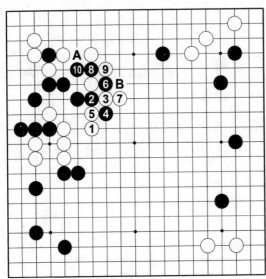

图 8－7

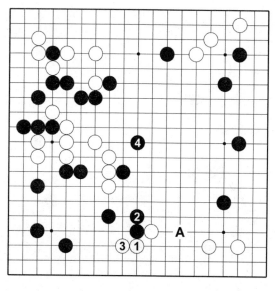

图8-8

图8-8 白棋若从1位扳,黑2上长,白3长时,被黑4飞攻之后,左边白棋甚不畅。且黑下边尚有A位侵边而封白的手段,如此,白稍有不慎,则有被黑棋在右边一带筑起大地域之虞。

围棋电脑2 这是足以改变围棋历史的一战。在棋界怀抱固有思维、丝毫不认为围棋人工智能可以成为对手的心态下,Alpha-Go实现了震惊世界的三连胜。

第三谱　46—60

图8-9 白46从上面扳,黑47立。黑方得此结果,较之黑单于A位飞有效能。因白棋留下了断点,两相对比,差一手棋。白48手筋。黑49、51不得已。

黑51不能于B位退,否则棋不干净。因此白48等着与黑做交换,有助于左边白棋的强化。

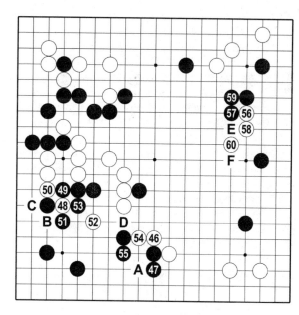

图8-9　实战谱图

125

图 8-10 白 1、3、5 后,边上有一只先手眼。

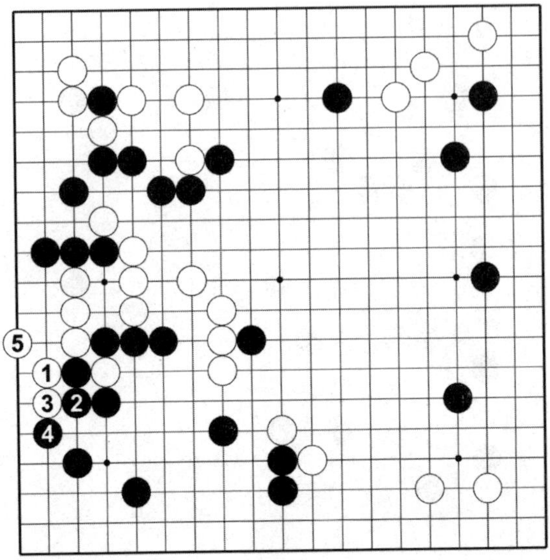

围棋电脑3 而且是以异于传统围棋高手思维的方式,逐盘刷新职业棋手的观念。第一盘战胜人类,第二盘战胜常识,第三盘战胜尺度。三盘棋下来,人类完全找不到冰冷机器操控下的围棋人工智能的真正弱点,棋界的自尊一夜之间被粉碎。

图 8-11 黑 △ 扳之后,白尚有一眼位。黑在 1

图 8-10

位接,白不能成眼,白 2 如挡,则黑 3 扳,白虽仍无眼,然而这是黑棋强行夺取眼位;至白 6 提黑一子后,上方黑也无眼,实战当中,黑棋强行不得。基于上述意味,可以说"白棋有一只先手眼"。

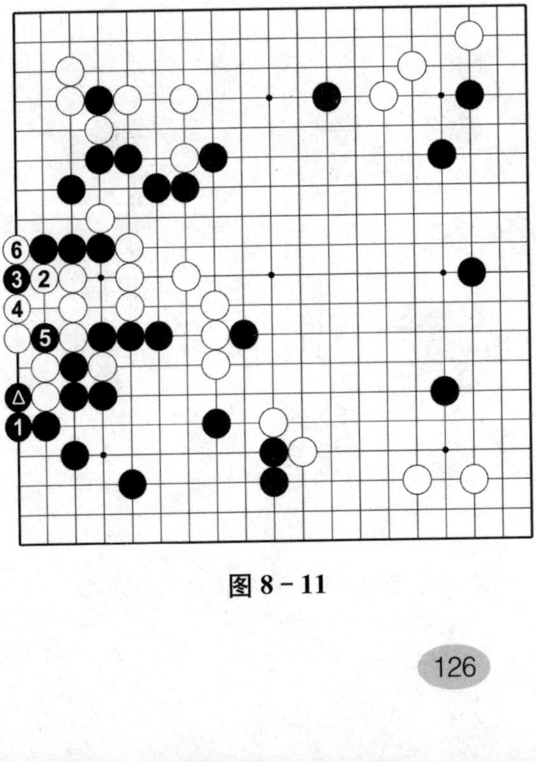

白 52 飞,黑 53 提后,白 C 位打的先手眼便丢失。因此,以后的战斗中,白棋受到威胁,有着相当的负担。白 52 应单于 54 位顶,黑走 55 位,白再走 D 位。白 56 靠,战斗移向右边。

图 8-11

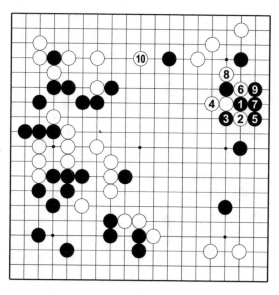

图 8-12

图 8-12 此时黑如1位应，则以下至黑9为止，黑被压于低位，形状不佳。白10拆兼逼是绝好点。黑棋不能这样屈服。[有原则又有灵活，有规律更有变通，这就是捉摸不透的围棋。——编者注]

围棋电脑4 以"失败的是李世石，而不是人类"的发言向世界谢罪的李世石，用近乎无望的拼搏创造了围棋史上最不可能的奇迹。

图 8-13 黑1位长，白2如关，则从黑3至7止，黑棋颇为舒服。因此，白2应走3位，黑走2位扳时，白便于A位断腾挪，棋势复杂。

实战黑57扳，是最强硬的着法。白58如按——

[脱先意识，一直是制约提升的重要因素，棋形多为凝滞；而脱先，正是良方。——编者注]

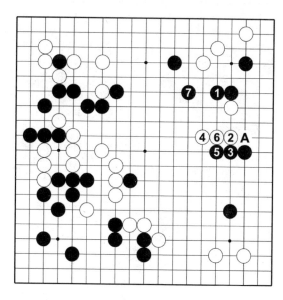

图 8-13

图 8－14 白于 1 位关,黑 2 打是破坏白形的要点,白 3 立,以下从黑 4 至 10 为止的应对,黑颇厚实,白棋没得到什么。

白 60 如于 E 位曲,则给黑于 F 位关的步调,攻守兼备。

围棋电脑 5 李世石凭借万中无一的鬼魅一手,触发了阿尔法狗的连续重大失误,在第四盘扳回一分。

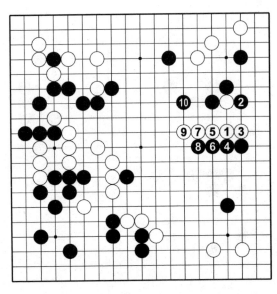

图 8－14

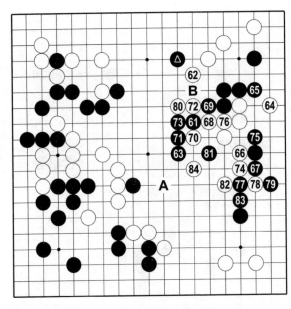

图 8－15 实战谱图

第四谱 61—84

图 8－15 黑 61 一般来说,只能按——

[围棋实战与复盘、研究、解说是根本不同的。实战必须在极其有限的时间内,做出愉快或痛苦的抉择,落子后不能推倒重来。还有,下错了如果立即意识到还得用大量精神力量调控情绪,等待煎熬。——编者注]

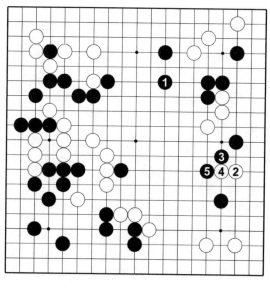

图 8-16

图 8-16　黑于1位关。白如2位打入，则黑3尖、5扳之后，上方白三子甚弱，毕竟白棋无理。谱中黑61飞，虽是进行袭击之着，但白62也尖出反击，黑61与△子之间有相当的距离，棋就难走了。

黑63飞，势必如此。一面攻击右边的白三子，一面还可于A位飞，攻击左边的白子。白64跳下本手。

图 8-17　白若于1位扳，则黑2以下至白5接时，黑6是好手。以后白如于A位打，则黑便于B位接（白于C位打，黑仍于B位接），白为难。

由于白再得65位虎后，黑形便崩溃。因此黑65长是不能放过的要点。此后，下一步白棋不易走。

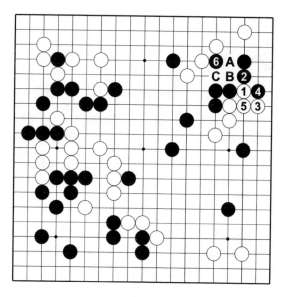

图 8-17

图 8-18 白 1 关是有趣味的一着,黑如 2 位应,则白照 3 至 7 那样走。过程中黑 2 如于 A 位飞,则白有 B 位靠的手筋可以腾挪。

白 66 虎疑问手。白 68 至 72 是鱼死网破的战法。[吴清源巅峰时期没有下出过这样恶劣的棋形。]黑 75 先手长,舒服之极。白 78 如于 82 位扳,黑便不应,而于 B 位打出。对付白 78,黑如照——

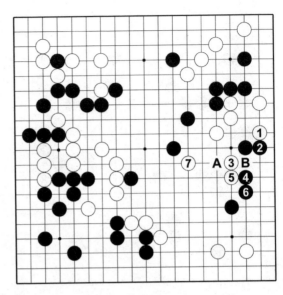

图 8-18

图 8-19 于 1 位长,白有 2、4、6 的着法。因此黑 7 先手尖后须 9 位虎补,以下至 13 立时,白如于 B 位做眼,则黑于 C 位打成劫。此处白子并不惜被吃,因在此含有一劫后,白 14 长,与上方黑子对杀,白便有利。

由于下一步白可于 A 位渡,

因此黑 79 二路打,稳妥。

白 80 长,当中白子不致被擒,这也是白棋必死决心下的反击手段。

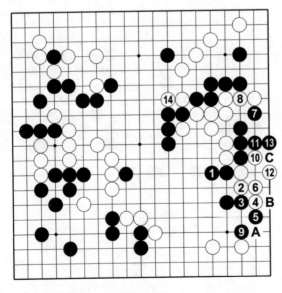

图 8-19

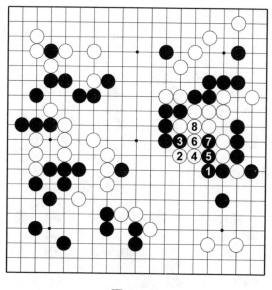

图 8-20

图 8-20 黑 1 如长,则白 2 跳而逃,以下至 8 为止,白放弃两子而逃出。

黑 81 妙手。白 82 打后,黑照——

[在布局阶段,厚势的价值是非常巨大的,棋盘越空旷,厚势的威力也就越容易体现。厚势多数是压迫、封锁对手的棋而形成,这就明确告诉我们:要有出头意识。——编者注]

图 8-21 在 1 位粘,白如在 2 位接,则黑 3 至 7 紧气、9 封,白便无路可以走出,白 10 至 20 做成一眼,黑 21 打,双方对杀,白气差得多。

实战白 84 反刺是脱险好手。

[封锁,更多的情况应该是区域性的封锁。一般应封锁价值大的方向,让对手从价值小的方向出头,从而达成不等价交换。——编者注]

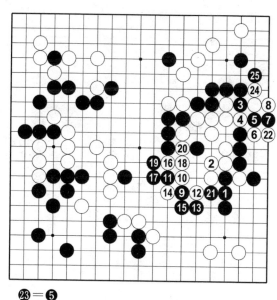

㉓＝❺

图 8-21

图 8 - 22 黑85如照——

[职业高手对战斗常形研究很深,对一些看似复杂的套路早已了然在胸。不过,缺少了距离的美,也失去了一些魅力。——编者注]

图 8 - 23 黑若于1位接,则白2接,现在黑便不能擒白。黑3冲至9封时,白10双。对黑11长,白12可跳出,

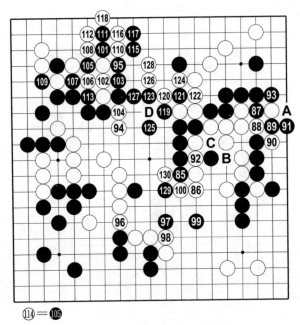

⑪⑭ = ⑩⑤

图 8 - 22 实战谱图

以下至黑19打,白20一扳反而吃掉黑子。但黑85长也不当,送白86出头。

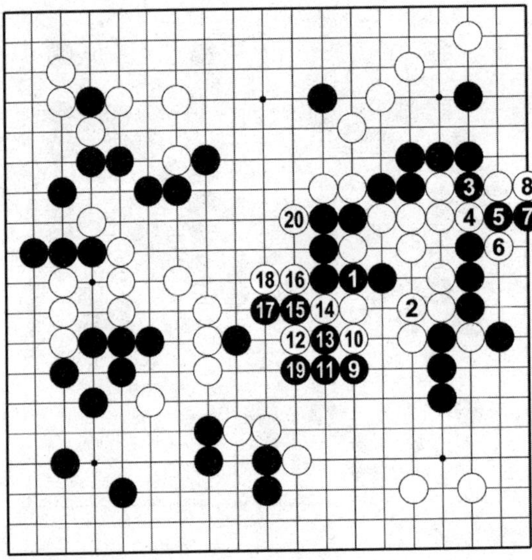

白92如于A位立吃黑两子,则黑于B位挤,白于92位接,黑于C位切断了白棋。黑93打后,黑方成功。可是白方取得了白94飞的补偿,可以致力收成中腹大空吃黑数子。

白96如按下图的着法,是否有希望呢?这是本局裁判曲八段的意见。黑95靠先腾挪处理上边。

图 8 - 23

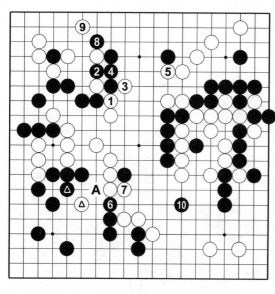

图 8－24

图 8－24 白如走 1、3、5，虽能收成中空，但被黑 6 顶后，此处终究讨厌。此后，黑留有于 A 位的扳着，当初白△与黑⚫的交换，现在再细想实是恶手。以下至黑 10 大跳消空为止，我对这种形势毫无成算。

黑 97、99 都是好着，意在尽量缩小弃子的地域，且战且退。黑 101 扳、103 接顽抗。此时白 104 如于 108 位虎，则黑于 104 位接是先手，白中腹须补棋。

从黑 105 挖至 112 立为止，是双方一定的应接。黑 113 如照——

图 8－25 走 1 位曲的手段，则成大劫。白 2 长，以下至黑 9 成劫。由于此劫太大，没有相当的劫材。目前，黑如于谱中 C 位断，白必不顾而粘劫，黑再于谱中 B 位吃白子，则白于图中 A 位打，黑于 B 位虎，白于 C 位提又成劫，黑棋不行。因此黑 113 至白 118 为止，是必然的应接。

黑 119 如于 126 位补，则白于 D 位关，在腹中成空，如此是白棋优势的局面。因此黑 119 扳至 127 接为止，做拼命的抵抗。白

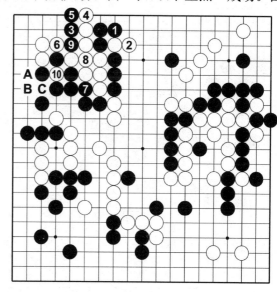

图 8－25

128 是急所。对付黑 129,白 130 断,是唯一脱出困境之着。

第六谱　31—85
(即 131—185)

图 8－26　黑 31
如照——

图 8－27　于 1 位
接顽抗,白 2 靠手筋,白
8 接时,黑 9 须虎,白 10
冲、12 断,白得大利,黑
13 长出,白 14 尖,以后
黑如于 A 位挡,则白可
于 B 位活。过程中黑 13
如改于 14 位尖,则白于
13 位挡,对杀白胜。

黑 31 跳比在 32 位
打吃好。白 32 必须长

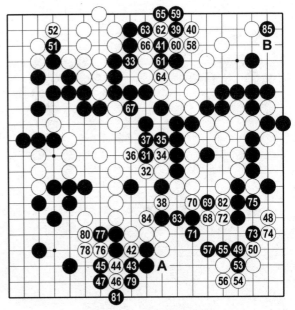

图 8－26　实战谱图

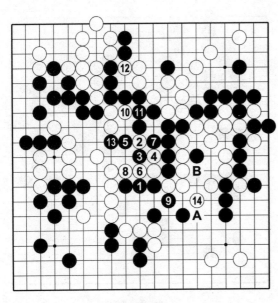

图 8－27

出,绝不能在 38 位打。黑
33 接大棋,边治孤,边破
空。白 34 至 38 必须防守,
不然黑在 38 位接很厉害。

黑 39 大跳好棋,如在
62 位跳,则白 66 位冲,黑
63 位接,白 39 位靠,黑被
杀。

黑 41 如不慎下于 58
位,白便有于 62 位夹的手
段,此处便成劫。黑 41 尖
净活。白 42、44 冲断,是早
已准备的狙击之处。

黑 47 立后,白于 A 位
挡,不如于 76 位打,黑于

77位长,然后白再于78位长包收,较为有利。现在白48飞,非常大。黑49刺,白50如照——

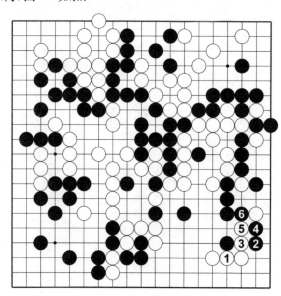

图 8－28

图 8－28 白若于1位接,则黑2、4、6后,谱中煞费苦心的白48一子就被黑棋吃去。

实战白50是唯一的应法。白56接后,便有于72位贴的手筋。黑57长很大,黑57如不走,白可分断黑棋。

围棋电脑6 不过第5局人类仍旧无法穿破机器的铁壁囚笼,五番棋比分最终定格在1∶4。但这场人机对战已然掀起了举世的热潮,"人人争说阿尔法狗",对 AlphaGo 可能为围棋界、人工智能乃至整个人类世界带来改变的设想,将长久讨论下去。其影响深度与广度都无法估量。

图 8－29 白1贴,黑如2冲、4打,则白5长出即可将黑棋分断。白直接走5位长,是不行的——

〔从后人的角度观望,在吴清源死守最后的防线时,那种希冀的背后,却有一种截然不同的力量在拒绝这种期待。——编者注〕

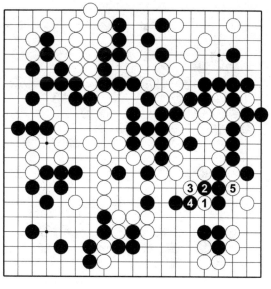

图 8－29

图 8 - 30 白 1 长,黑 2 至 8 为止,白棋被吃。

其中,白 3 如在 4 位冲,则黑在 A 位打,白简单被吃。

白从 58 起,把上边着法走尽。否则将来黑于 85 位飞靠时,官子的着法就有异。

[或许,这就是人的生命与感情附着时代印记的缘故吧。人是有感情的动物,对于自己喜欢或追逐的一些人和事,会深深地融入记忆。——编者注]

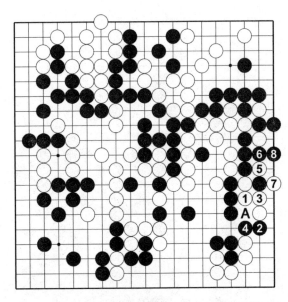

图 8 - 30

图 8 - 31 黑 3 飞靠时,白 4 扳、6 打是先手,白 8 退后,官子较为有利。白 4 于 8 位退或 5 位长均损。

白棋如不走尽 60 以下几着——

[无论你的青春是贫瘠还是充实,围棋都会成为无法分割的一部分跟随你的记忆行走。吴清源的棋,曾使我们为围棋痴狂执着的时期荣为绽放,在他落败的那一刻,你会感到自己并非一个单纯的旁观者,也有一种被击败的感受。——编者注]

图 8 - 31

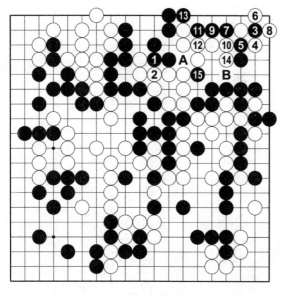

图 8-32

图 8-32 此处如保留,黑 7 反打,再黑 9 长可以成立。白 10 如断,则黑 11、13 渡,白 14 做眼,黑 15 尖(白如于 A 位接,则黑便于 B 位破眼),正好切去白棋一段。

实战白 68 靠,冲击黑棋薄弱的地方,谋求便宜。白 72 好手。黑 73 不能于 82 位吃白子。

图 8-33 黑 1 接撞紧气,因此白 2 可以长出,黑 3 跨、5 断时,白 6 一打,黑便崩溃。由于有此变化,局面极度细微,形势不明。

白在 A 位挡已没有价值,故实战 76、78 打长包收正确。白 82 接,此手约十四目,虽然不小,但黑 85 靠也大,被白于 B 位尖,出入也很大。

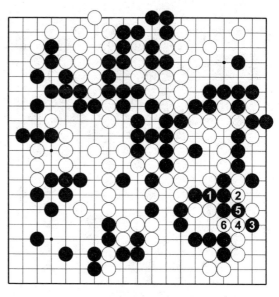

图 8-33

第七谱 86—161（即 186—261）

图 8 - 34 从白 86 至 90 的官子已如前述。

黑 89 长是正确的应手。

〔亏三目，对于职业棋手来说难以承受，平时为了一目棋要呕心沥血，突然有劫匪抢走三目，这等于从自家中搬走了一座金山啊！——编者注〕

图 8 - 35 黑 1 反打不好，以下应对至白 8，白先手成活，黑棋不行。

实战白 92 如于右上角吃黑两子，有十目，

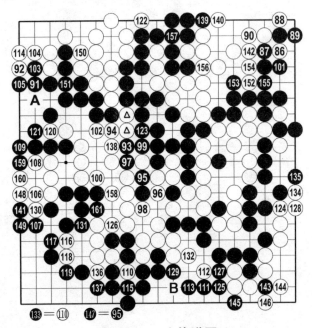

图 8 - 34 实战谱图

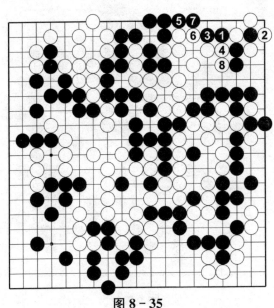

图 8 - 35

虽是大棋，但遭到黑棋于 104 位的夹，也不妥。这两手棋，究竟何者为大，很难说。黑 93 是巧妙的官子，白不能在 99 位冲；如冲，经黑 95 位打，白 96 位提，黑可在 123 位双吃。

白△两子，由于左边尚留有侵凌黑棋的手段，不能放弃。白 94 拐出，至 100 补断，告一段落。黑 101 打吃是此时的最大官子。白 102 是先手，此处黑不补，白于 A 位点，黑即被杀。白 106 立，黑 107 应是正着。

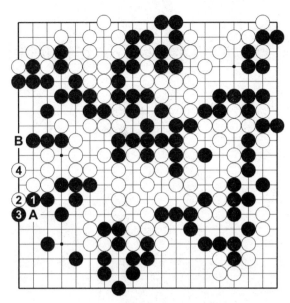

图 8－36

图 8－36 黑 1 挡后，被白 2 一扳，黑就受损，黑如 3 扳，白 4 做劫，此时黑于 A 位接，白便 B 位托，上边黑棋的眼位不够。

现在盘面上正是细棋的局势，可是白棋终于出了败着——白 110，近乎随手。

白 110 必须于 B 位跳。如果这样走，胜负将只有半目。白 110 扑后，再于 126 位提，虽有六目，然而白是两手棋才得到的，而黑 111 大飞，一手就得到将近六目。

图 8－37 白于 1 位

跳，结果黑 4、白 5、黑 6，白棋得先手（黑 6 如不走，则有白 A、黑 B、白 C 的手段）。按照这个形状，在下边双方理应均不能成空。

但实战被黑 111 飞，让黑得了六目，白真是失算。本局结果黑以三目胜告终。而白 110 与黑 111 的交换，白棋损失将近三目棋。白126 仍应于 129 位冲，黑必须 B 位挡。实战被黑 129先挡，白 132 非曲不可，此处白又损失一目。

白 132 如于白 110 位

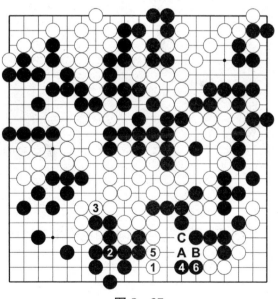

图 8－37

提黑三子，大约是三目半，白 132 曲是四目，白 132 较 110 位提为大。官子过程中，白棋如处处皆能走正，则是一局和棋，和棋便是白胜。

第 9 局　日本第二十期本因坊战七番胜负

黑方　山部俊郎九段　白方　坂田荣男九段

（黑出四目半　共178手　白中盘胜　弈于1965年5月4、5日）

吴清源　解说

第一谱　1—25

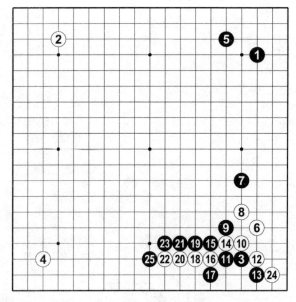

图9-1　实战谱图

　　图9-1　黑1至白8,目前采用这样的布局很多。黑9是趣向。对这着山部九段有新的研究。

图 9－2 黑 1、3 的定式是普通的走法。

实战白 10 以下至 16 断时，黑 17 从下面打，再 19 位压，这种着法山部九段心里早就有了底，因而出现复杂的变化。

黑 15 强硬。

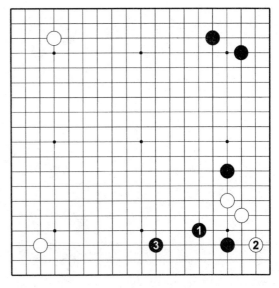

图 9－2

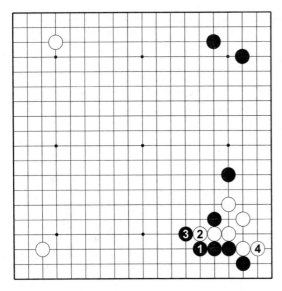

图 9－3

图 9－3 按以前的定式，黑一般是在 1 位退，以下到白 4 为止，这是稳健的着法。

白 16 只能这样走。

棋　照

坐隐手谈，无为而治，是均衡大师谙攻守平衡的真谛。豁然大度，泰然处之，是棋士潇洒纹枰最风流的写照。

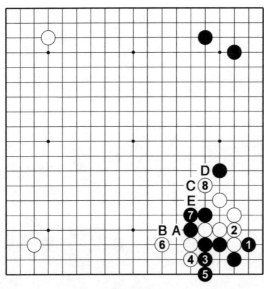

图 9 - 4

图 9 - 4 黑若 1 位打,走活角的定式,到白 8 为止的结果,黑棋不好,已经成为定论。(后来的定式发展为黑 7 走 A,白走 B、黑走 C 封,白 8、黑 D、白 E 以后的打劫转换。)

黑 17、19 的手段,山部九段已经要在实战中试用了,但无论如何,总令人感到这是被称为"战斗能手""乱战之雄"的山部流派的风格。到黑 23 为止是必然的应对。

图 9 - 5 黑如走 1、3 活角,白 4 是好着,此处的封锁不会紧密。例如黑在 5 位尖,白只要在 6 位飞,黑方就不容易吃白棋。

白 24 连扳,紧凑! 识破了黑方的用意。

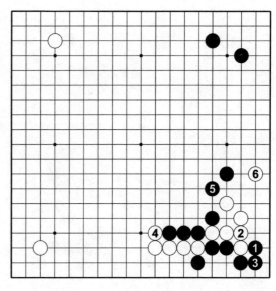

图 9 - 5

图 9-6 白 1 若长，黑 2、4 安定下来是有力的，此图白棋的姿势不舒畅，正好合乎黑的期望。

实战白 24 的意图是——

围棋集锦 1 时光荏苒，日月如梭，不经意间已有几十个春秋。东拼西杀，期间既有快乐与高潮，也有失落与遗憾，其中的甜酸苦辣自不待说。

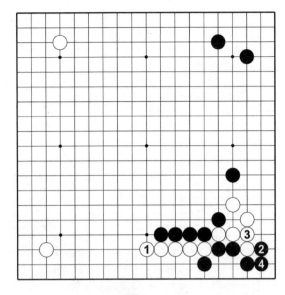

图 9-6

图 9-7 黑如在 1 位接，则白就在 2 位长。此后黑走 A 位打，白 B 位粘，黑 C 位吃白一子，白在 D 位尖，与图 9-6 相比，白较有腾挪的余裕。

黑 25 扳，势所必然。

棋 局

最羡慕的不是一掷千金的赌棋，或关乎时局命运的所谓名局，而是平平常常的棋迷的游戏。

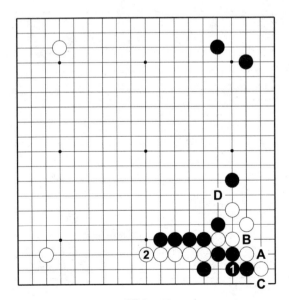

图 9-7

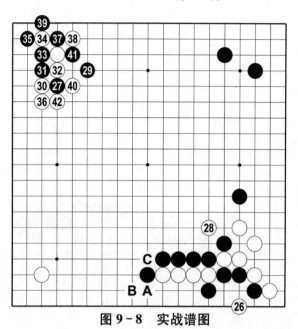

图9-8 实战谱图

图9-8 白只有26位点。这是坂田研究此型划时代的一手棋。

围棋集锦2 唯一值得欣慰的是,不管是饱尝艰辛之苦的初出茅庐之时,还是执掌帅印受命于危难之机,抑或是鲜花与掌声的簇拥,一直都是对围棋的至真至爱。

图9-9 白如1位挡,黑2接即成打劫,黑方有6位的劫材,白不好。

白26虽也可考虑在A位扳,但黑在B位连扳,严厉,黑棋外势更加厚实。因此白26的筋,在此场合是紧要之着,下面将其理由具体地表述一下。

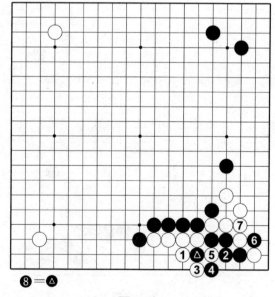

8 = △

图9-9

图 9-10 黑1打，到白4打，黑棋要子被吃之外还落后手，这当然是问题之外。

围棋集锦3 围棋的能力大致是两部分：一部分是技术，是计算及衍生的准计算能够在短时间内覆盖的范围，另一部分是与计算的积累有关的。

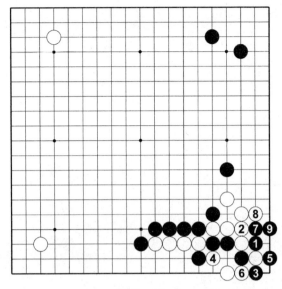

图 9-10

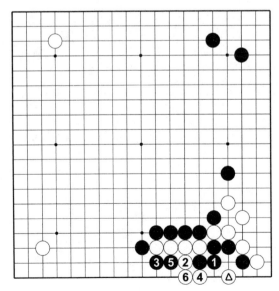

图 9-11

图 9-11 黑采取1位接的对杀手段，对此白准备了2、4的反击，白△一子起了作用，白棋快一气。

围棋集锦4 超越了计算的衍生，更多时候因行棋者的性格、阅历以及对世界的认识而呈现出独特性——很难给后者准确定义，感觉、棋风、境界都与此有关，但又不能完全重合或彼此包含。

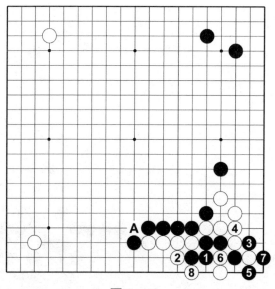

图 9-12

图 9-12 对付白 2，黑只能走 3 位转换，但这样进行至白 8 止，白在 A 位的断就变得严厉了。

因此，黑方在这个角没有直接行动的着法，把它保留，而转到 27 位挂角，但这是有问题的。

围棋集锦5 且喜锋芒尚锐，不觉不堪铠甲之重负，手谈对弈，颇有乐在其中之感。

图 9-13 黑此时无论如何都应该在 1 位封锁，白 2 断一着再 4 立，防黑包收，黑 3、5 构成厚势，白 6 守角。（按我的预想，这个新型演变的结果是黑得外势，白得实利，不失为两分。）

白 28 是绝好点。白在 C 位的断，变得严厉了。焦点移到左上。对付白 30，黑 31、33 是有问题的。

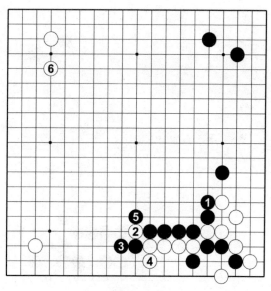

图 9-13

图 9－14 黑还是走 1、3 的定式为好。

白 36 是征子有利时的定式。

围棋集锦6 吴清源说："一流棋士之间棋力之差是微不足道的。胜负的关键取决于精神上的修养如何。"这就是所谓"人棋合一"的境界。

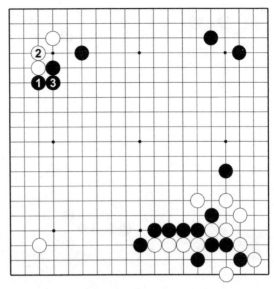

图 9－14

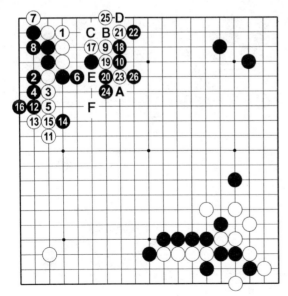

图 9－15

图 9－15 白也可以考虑走 1 位接，以下到黑 26，虽成大型定式，但征子如对白有利，则白在 A 位逃出可以成立。这样白棋厚实。不过实战中征子对黑有利，所以白不采纳这个定式。（后来的定式研究黑 24 在 B 位打，白 C 反打，黑 D 提，白 24 位打，黑 E 接，白 F 封，此时的攻防还与黑 14 刺有关，有些复杂。）

黑 39 是不得已之着。

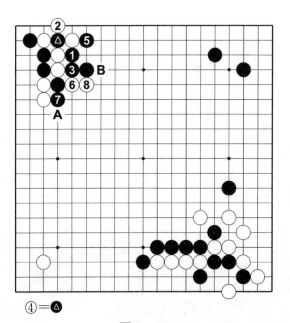

④＝⊘

图 9 - 16

图 9 - 16 黑不能在 1 位断打,否则进行至白 8,A 位和 B 位白必得其一。

从上述的意味来说,白 28 一子成为出色的一着。白 40、42 征吃,贯彻了白方的布局构思。这个定式也是白棋厚实,黑棋不好。

棋 测

棋非棋,如同花非花,会或不会,都是局外人的揣测。

第三谱 43—64

图 9 - 17 黑 43 长,到白 48 为止,是必然之着。

黑 49 如在 A 位补,则不紧凑。如谱打,是要试探白方的着法。白 50 围边,过于注重使左方的棋子发挥作用。

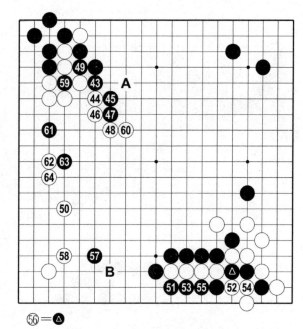

⑤⑥＝⊘

图 9 - 17 实战谱图

图 **9 - 18** 白 1 长,
厚实,此处是双方势力消长
的要点。黑 2 分投,则白在
3 位断一手,黑方屈服在 4
位曲,白还可再走 5、7 两着
的步调。

黑 51 以下的包收,只
有如此。白 58 尖应,含有
以后在 B 位的打入。

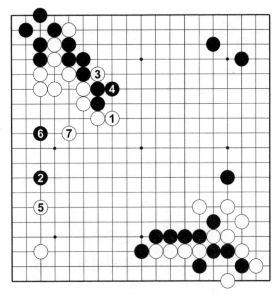

图 9 - 18

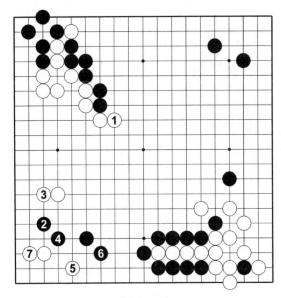

图 9 - 19

图 **9 - 19** 白 1 长,
仍然是要点,如果黑在 2 位
打入,则白在 3 位并,收左
方边地。想定大致到白 7
为止的应接,此图白好。

黑 59 的提是很含蓄
的。白 60 也是绝对的。黑
61 的打入是与前着相关联
的手筋,白方也已预料到。
棋局逐渐进入中盘战。

白 62 夹,是引致复杂
局面的作战计划。

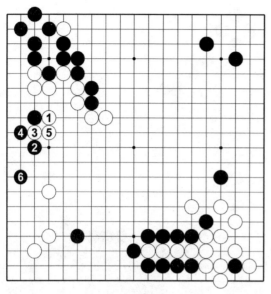

图 9－20

图 9－20 此时如果避免打劫,白在 1 位压,被黑 2 关,轻松地脱身,有所不满。对付白 3、5,黑 6 飞,成容易活的形。

围棋集锦7 在作战的时候,有时多走一点,在局部形成不干净的棋形未尝不可。一种情况是当双方处于胶着状态,需要进行最大限度地支援,暂时无暇顾及其他局部的棋形好坏。

· 经典珍藏 ·

图 9－21 黑 2 扳不好,白有 3 位断的腾挪手筋,黑棋姿势重。

对付黑 63,白 64 退,虽难受,但不得已,此处含有种种变化。下面研究一下。

围棋集锦8 另一种情况是在作战过程中,对手有可能会忙于做活,在治孤的过程中便有可能需要左冲右撞,从而可顺势将原本不干净的棋形,整理成为效率高的好形。

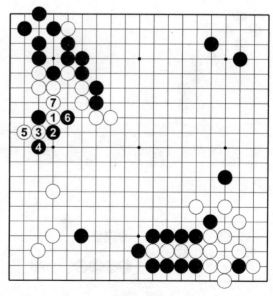

图 9－21

150

图 9－22 如果白 1、3 的反击手段能够成立，就很好。可惜黑 4 跳是好手筋，白如走 5 位，则黑走 6 至 22 的顺序，白棋就崩溃。过程中，白 15 如改走 22 位，则黑在 15 位吃白棋要子，白失败。（笔者认为黑 18 在 19 位打吃更简明。）

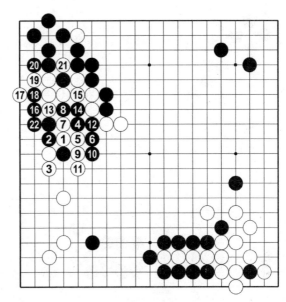

图 9－22

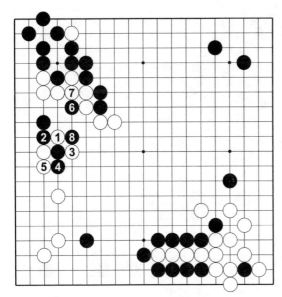

图 9－23

图 9－23 虽也可考虑走 1、3 的强硬手段，但黑有 6 位靠的妙着，白 7 接，黑 8 打，白一子被吃。

围棋集锦9 能够将棋局导入自己有把握的作战局面，有助于减少失误。而围棋，如果没有妙手制天下，则是一个比谁失误更少的博弈。

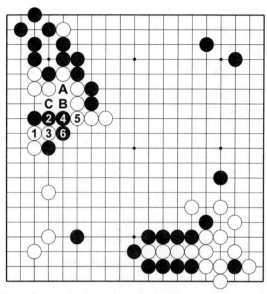

图 9－24　白走 1、3 的变化,黑 2 以下到 6 的变化,是可以预想的,但留有以后黑 A、白 B、黑 C 的劫,白棋无趣。

围棋集锦 10　坂田荣男曾说:"给对手留下绝好点的棋。"一般都不是好棋,故他们行棋都是以破坏对手效率为第一考虑。

图 9－24

第四谱　65—101

图 9－25　黑走 65、67,虽是劫争,但劫的影响对黑甚轻。白方也含有伺机放弃数子的可能。对形势的策略各执己见,是关键之点。

黑 69 压是妙手,表现出了山部九段的感觉。对付这着,白 70 的应法,可能会令人感到奇怪,但这却是对付 69 的将计就计的一着。

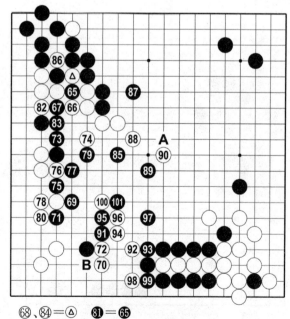

⑱、�\=△　㉑\=65

图 9－25　**实战谱图**

图 9－26　白如果在
1 位应，现实的被黑方先手
取得便宜。例如黑走 2、4，
白只得在 5 位提，解消打
劫，黑走了 6 位成好形时，
黑△的作用就很显眼，因而
白 1 是不能令人满意的。

左上的打劫，可根据情
况采取把黑棋紧封的方法，
因此判断此时白 70 采取转
换的策略是最好的。回过
头来看，认为白 68 提劫这
着可能是有问题的。

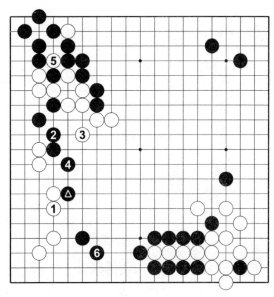

图 9－26

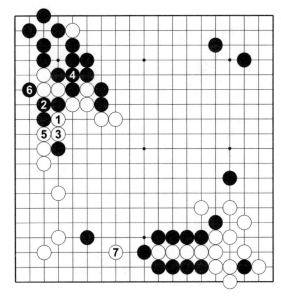

图 9－27

图 9－27　白 1、3 走
尽变化是有力的。黑 4 接
时，白 5 先手便宜，然后在
7 位打入，虽然损失实地，
但从全局来看，白棋姿态
厚实。

黑 71 后，白 72 长，成
白棋充满活力的变化。黑
73 如提劫，白就按照图 9－
27 弃子的思路进行作战，
黑形势损坏，外围支离
破碎。

黑 75 打，以下到白 80
是预定的行动。

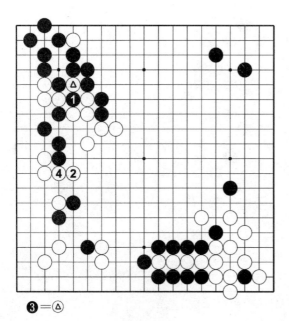

3 = △

图 9 - 28

图 9 - 28 黑 75 如在 1 位提劫,白 2 的封锁是严厉的。黑 3 解消打劫,白 4 接上后,再走一着,黑棋三子就枯死。

白 82 是看准黑棋没有适当的劫材,力争把劫打赢。因此,白到 86 为止解消打劫。黑 85、87 占好点,充分准备以后的攻防。白 90 也可平凡地走 A 位关。

黑 91 扳是严厉之着。白 92 觑,凑黑补掉 93 位的断点,虽是不愿意走的一着,但——

图 9 - 29 白直接在 1 位应,黑即在 2 位虎,白就困难了,白势必考虑 3 以下的转换,但中腹黑棋这样的形状是不可能被吃的。例如,即使白走 9 位觑,以下到黑 14,黑棋可以脱险。

黑 97 关跳是形。白 100 扳,被黑 101 断,看似送吃,但这着是防黑在 B 位冲。

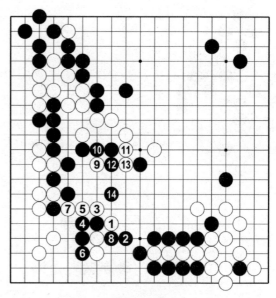

图 9 - 29

图 9 - 30　白 2 打，以下双方在中腹力争出头。

黑 9 飞后，似乎已经联络起来，但还留有白 12 的猛烈狙击。黑 13 是不得已的。

围棋集锦 11　坂田是棋盘上的魔鬼，天使有时怕他捣鬼，上帝才能制服他。

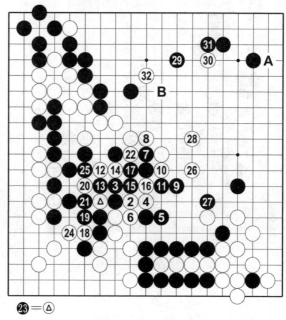

㉓＝△

图 9 - 30　实战谱图

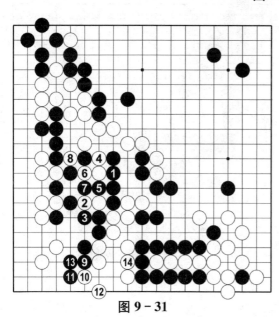

图 9 - 31

图 9 - 31　黑如 1 位应，则白 2 至 8 的手段是成立的，左方黑棋五子被吃。黑 9 到白 14 接，白可以活。黑全线溃败，计不如人。

棋　道

围棋既是道，又不是道，这才是围棋的真谛。

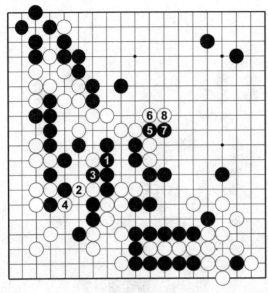

图 9-32

图 9-32　白 2 时,黑如改在 3 位冲,则白 4 打,下边的地很大,即使黑走 5、7 吃两子也没有意思,弃大就小不行。

白 14 至 17 是必然的过程。白 18 有次序,是好手筋。

围棋集锦 12　在短兵相接时,坂田次序妙棋,鬼手层出不穷,这是他力量强于同时代棋手的法宝。对此,后人有"计算的坂田,感觉的秀行"一说。

图 9-33　白立即走 1 以下的包收,走成被黑 8 冲下的顺序,白棋不便宜,这与图 9-31 的结果有天壤之别,此图左边黑五子是连回的。

黑 19 如改在 21 位提,则白就在 19 位打,黑棋全体没有眼形。白 24 长,这里如被黑先手提,也很大。因此到黑 25 为止,欺凌黑棋,白方是满足的。

白 26、28 整形,好调,此时是白有望的形势。黑 27 如照——

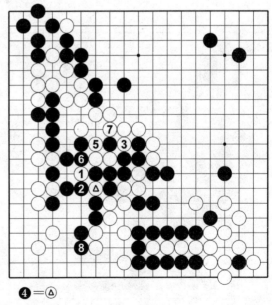

④ = △

图 9-33

156

图 9-34 黑在 1 位断,则白 2 到 10,白可以活,黑攻击计划落空。

图棋集锦 13 胜负,在沉浮不定的棋战大潮中本是平常事,但坂田在棋盘上的征服,有一种让棋界"空气突然安静"的感觉。

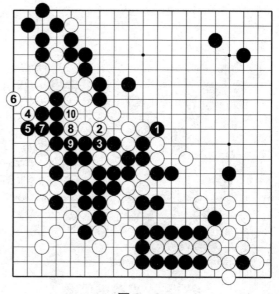

图 9-34

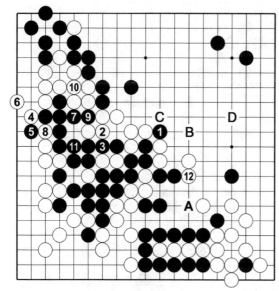

图 9-35

图 9-35 黑 7、9 只吃中腹数子白棋,不能满足。白 12 挡后,再在 A 位并,黑棋就死。黑如在 A 位做活,则白在 B 位跳,下一步 C、D 白必得其一。黑全局跟不上白棋的节奏。

黑 29 围是当然的。白 32 侵消走得过分,应在 A 位托。对付上边黑棋的形势,照例只能考虑从 B 位去侵消。而实战的下法,白棋太贪婪了。

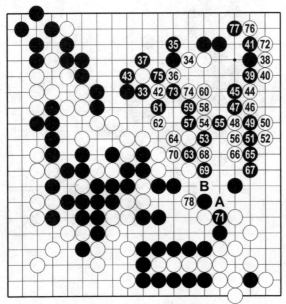

图 9 - 36　实战谱图

图 9 - 36　黑 33 压,分断白棋联络是当然的态度,不能坐以待毙。黑 37 是缓着。此时按形势的推移——

围棋集锦 14　围棋是世界上最巧妙的游戏,围棋未知的部分,能否预测某些事实上极不可测的事物? 人根本不能感知围棋的全部内涵。

图 9 - 37　黑在 1 位长是严厉的。白如在 9 位接,则黑在 A 位飞,隔断中腹白棋,予以环

绕攻击,以决胜负。因此预想白 2 至 8 整形,如果是这样走,黑在 9 位冲,确定了上边。

白 40 应先走 42 位,黑走 43 时,再走 40,才是正确的次序。从上述的意味来说,黑 43 可走 46 位拆一得角,让白走 43 位破中腹,做转换,也就是说白走到 44 位扳,就决定了白棋的优势。

黑 53,是谋求使形势混乱的手筋,是决胜负之着。

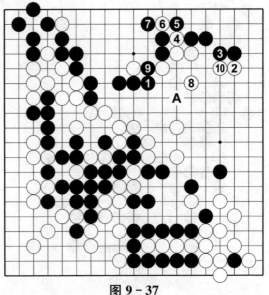

图 9 - 37

图9-38 黑平凡地走1、3是不能成立的,这样就生出白4至8的手段,这局棋就到此结束。

白54、56,一步不放松,进入最后决胜负。黑57至61拼命抵抗。白64、66是最好的着法。

此时黑67救助三子是意外的,白68扳后,可以说妙味已经消失了。

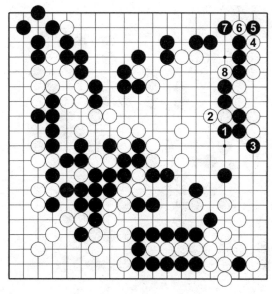

图9-38

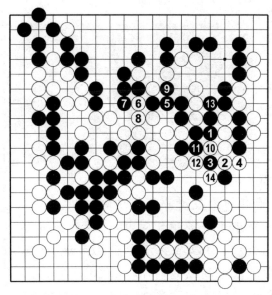

图9-39

图9-39 黑不管怎样只能在1位接,白2、4吃黑三子时,黑5转到上边吃白数子,白走10至14收右边的地作为代偿。这样虽然是细棋的局面,但白棋好。(在一片混战中,坂田心明眼亮,计算精确,得失判断无误。)过程中,白10紧要——

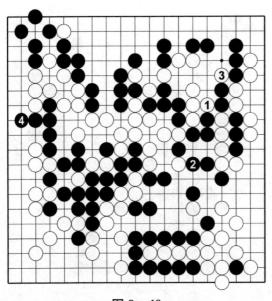

图 9-40

图 **9-40** 白如走1、3救助中腹数子，则黑在4位立，中腹的大棋就死了。

以后黑方不过是走走看而已。黑71如果不走，白A、黑B、白78位，下边的黑棋就危险了。至白78扳，黑方无法继续走下去了，只好认输。

围棋集锦 15 在围棋这个浩瀚汪洋的深处，有许多闪闪发亮的鱼儿游来游去，只是我们不见得都能看到。

夫 人(一)

吴清源的棋越下越好，年龄也逐渐增加。结婚的问题就渐渐提上议事日程。那时，因为日本发动侵华战争，许多在日本的中国人纷纷回国了，他的母亲和妹妹们回国也只是时间问题。考虑到吴清源一个人生活难免有所

不便，所以就拜托喜多文子老师为吴清源介绍结婚对象。

濑越老师也给吴清源介绍了许多结婚对象，但因为吴清源是中国的一个宗教团体的信徒，所以就吴清源自己来说，是想找一个能够理解自己的宗教信仰的结婚对象。

经典珍藏

第10局　日本第四期名人战

黑方　高川秀格九段　白方　吴清源九段

（黑出五目　共258手　黑胜二目　弈于1965年7月21、22日）

吴清源　解说

第一谱　1—26

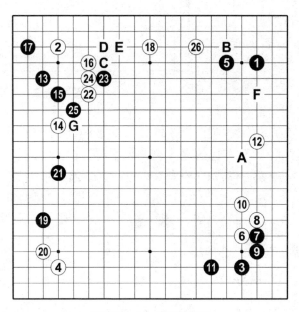

图 10-1　实战谱图

图 10-1　黑11占 A 位大场也并无不可。

图 10－2 黑 1 夹,
白如在 2 位飞靠,黑有 3、5
切断的厉害着法。走成这
样局面的对局也相当多。
但是白方要避免走成这样
急促的局面。

围棋荟萃 1 可以
说,现代棋手对于布局常形
的研究,已经到了深入骨髓
的地步,他们常常赋予之前
一些被否定和淘汰的定式
以新生。

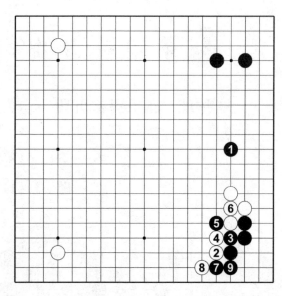

图 10－2

图 10－3 白 2 也可
缓和地飞,黑如在 3 位夹,则白有 4、6 包收的手筋,以下到白 10 那样腾挪。

实战白 12 拆后,对右边的定式也并无不满。白 18 拆,下一步再在 26 位
逼是极好之点,如走成这样,则黑的单关角就不如在 B 位小飞来得好。

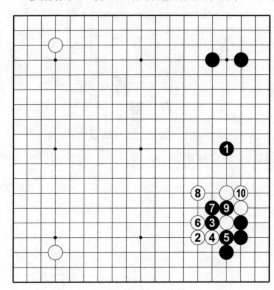

图 10－3

黑 19 也可选择小飞挂角。黑 21 当然,下一步黑如再在 22 位关,含有以后黑 C、白 D、黑 E 的手段。

因此白 22 之点是不可不走的。黑 23 如在 25 位尖,则白 26 位逼迫,以后白再在 F 位拆成绝好点。黑 23 是先手便宜。

162

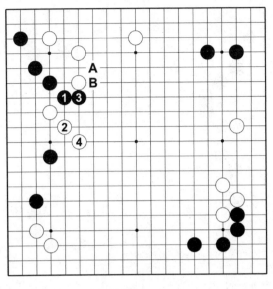

图 10-4

图 10-4 黑 23 如在 1 位尖,以下到白 4,以后黑 A 位觑,白就不接而在 B 位长。

白 24 接,也曾考虑过——

围棋荟萃2 诸多围棋名局就像一首首唯美的诗歌,它们之间有很多的相似之处,都是将一些素材——文字、棋子——组合成作品,让人们欣赏。

图 10-5 走 1 位,但黑 2、4、6 冲断后,留有以后在 A 位靠等的余味,不好。

白 26 拆是有策略的。这着的用意是让黑在 G 位压,左边也不能完全成黑地。

棋 智

攻或守,是一个计谋,更是一种态度。

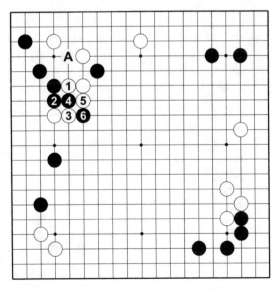

图 10-5

图 10-6 黑在 1 位压,白 2 扳,试黑应手,黑如 3 位断,则白有 4 位碰的手筋。黑 5 如扳,则白 6、8 突破黑地。

当自己薄弱,需要治孤、腾挪的时候,切忌将变化走尽,留有各种各样的借用才是关键。

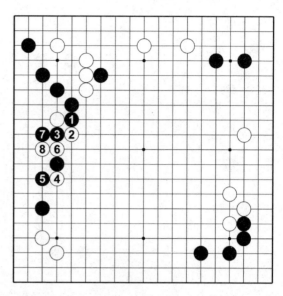

图 10-6

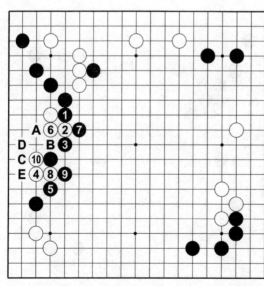

图 10-7

图 10-7 黑 3 如夹,则白 4 是打入的要点,黑 5 如尖封,则白 6 至 10 轻易取得安定。黑 5 如改在 10 位挡,则白 7、黑 6、白 8、黑 9、白 A、黑 B、白 C、黑 D、白 E,黑棋形不善。

棋 泪

三十六计,计计嗜杀;
天下棋谱,谱谱溅血。

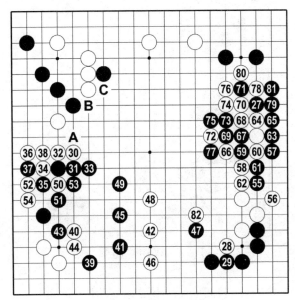

图 10-8　实战谱图

吴清源 手谈秘籍镜鉴

图 10-8　黑 27 拆二大场。白 30 飞出，这着虽也可考虑——

围棋荟萃4　围棋男子职业高段对局中，每局必战，而激战则多为混战。在混战中，谁计算更精准或谁错误犯在最后，将决定胜负的走向，这也正是当代围棋技艺高超和场面精彩的地方。

图 10-9　白在 1 位尖，但黑 2 以下至 10，

上边白地稍薄弱，以后黑有 12 靠的手段。如白 13 到黑 18 的应接，左边白五子痛苦。

实战黑 31 只得在此处长，如改在 32 位长，则白 A、黑 B，顺着这个步调，白在 C 位曲，白棋舒服。黑 33 长，当然。白 34 到 38 是必然的应接，白大致成安定型，结果两分。

黑 39 利用厚势逼角是当然的态度，白 40 飞出。黑 41 如照——

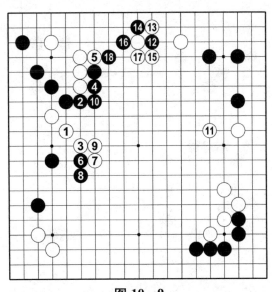

图 10-9

图 10 - 10 在 1 位靠,白如 2 位扳,黑 3 断,采取紧迫的着法,白 4 打以下至 10 断,被白拿到实利,黑意外地没有意思,厚势重复。

因此,走了缓和的黑 41 位飞。

白 42 是恰到好处的着点,以后 45 位和 47 位白必得其一。黑 45 是必争的要点,此点如被白所占,左边黑棋即变薄,当然要关出。

白 46 关下,不好,走得过分,应按照原来的预定走

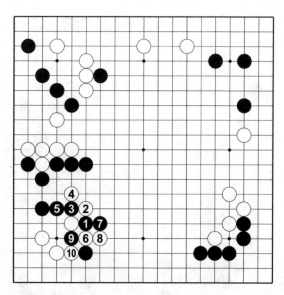

图 10 - 10

47 位飞。黑如 46 位飞,白 69 位关,这样走,从容不迫,是白充分的棋势。

黑 49 关后,左边黑棋就安定了,同时使左下角、左边的白棋感到薄弱。

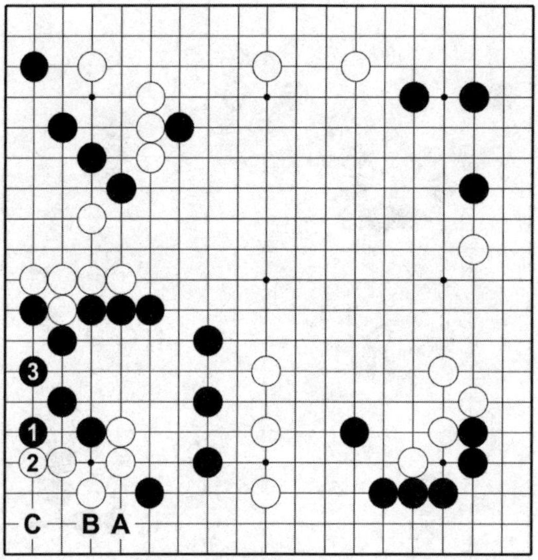

图 10 - 11 左边白如不补,则黑可走 1、3,上方白无眼,左下角黑也有黑 A、白 B、黑 C 的手段,上下白棋都困难。

因此白以 50 为弃子,走 52、54 把白棋经营好。黑 55 打入,是白棋阵地的弱点,有了黑 47 的飞,则更为严厉。

黑 59 跨是手筋。白 62 如照——

图 10 - 11

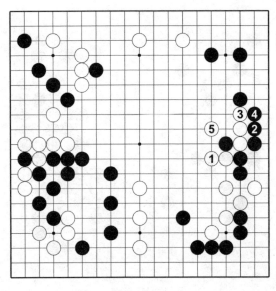

图 10 - 12

图 10 - 12 在 1 位长是坚实的着法,成黑 2 以下至白 5 的应接。[此型流行至今。——编者注]

黑 71 是好着。

围棋荟萃5 人非圣贤,孰能无过?再说,错误在棋盘上,是一种尊严存在。错误,也可以创造不一样的精彩。大赛紧张,正因为巧妙,正因为跌宕起伏,才更有观赏性。

图 10 - 13 黑如 1 位长,则白 2 至 6,这样白容易作战,黑四子重。

白 72 只得打,如在 74 位曲,则黑在 77 位打,白棋形状不好。黑棋争到 77 位双打,整体厚实。白 82 顶不得已。[实战至 81 止的变化也为经典过程。——编者注]

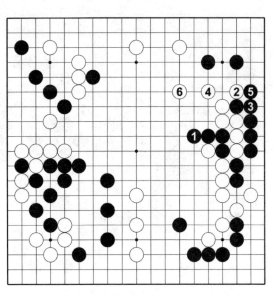

图 10 - 13

图 10－14 此时白不能在 1 位冲。如冲，则黑脱先在 2 位关，白 3 扳，黑 4 顶，黑棋可活；白方走 5 至 11 虽可活，但这样黑墙壁巩固，中间的白棋就难保。

围棋荟萃6 封锁就是把对手的棋子局限在一个小的空间里。出头即使没有目数，其价值也是十分巨大的，因为它对双方厚薄有着很重要的影响。

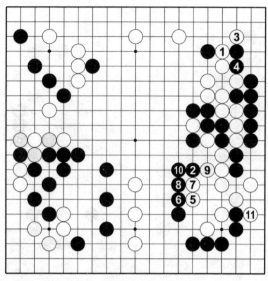

图 10－14

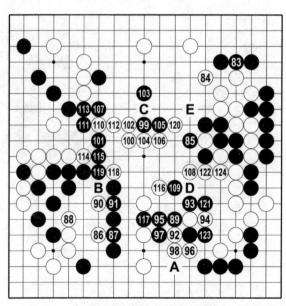

图 10－15 实战谱图

第三谱　83—124

图 10－15 黑 85 提，厚。白 86 稍走得过分，应在 123 位扳，黑 92 位，白 89 位，黑 A 位，白 97 位，忍耐一下。

白 86、88 的意图是伏有白 90 位、黑 91 位、白 B 位、黑 119 位、白 118 位断的手段。被黑 89 反击，以攻为守，白即陷入困境。白 92 断拼命腾挪。黑 93 如照——

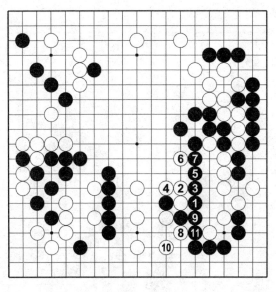

图 10-16

图 10-16 黑如走1、3、5,而放弃右方走6至10的先手便宜后,再在谱中B位冲出,随便擒获哪一方的黑棋都可作为代偿。这样转换白也有望。

实战黑93打,再95长,就太平无事,是贤明的、照顾全局的策略。白96打吃必然。

黑99这着兼有防备白B,黑119位,白118位冲断,形成中腹的地,消上边模样等种种作用。下一步黑在101位飞,可成相当大的地。因此白100进入,这着当然是窥伺着B位的冲断。

黑先101飞,引诱白102长,再103关,作为行棋的步调来说,是很流畅的。但黑103应在C位长比较好,白如104位曲,黑120位关,和谱中白104、黑105后对比,其差别在于白走106位不是先手,对经营下方两处黑棋有很大的差别。黑107如照——

图 10-17 在1位联络,白2、4断。黑如在5位联络下方,则白6长,左方黑棋就有危险。黑7如改在A位尖,则白在7位尖断。

谱中黑107关,兼有联

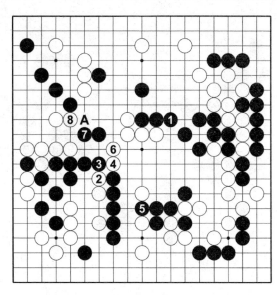

图 10-17

169

络这块黑棋和上方黑棋三子而脱险。白108如照——

图 **10－18** 在1位接，便成到白11的变化。黑12立，白13如挡，则黑14冲、16断，白难办。

白108点，化虚为实。白110是狙击的手筋。

围棋荟萃7 攻击一般都是带有风险的，进攻一方的包围圈哪怕露出一丝破绽都很可能让对方成功逃脱，因此强行杀棋需要强大精准的计算力。

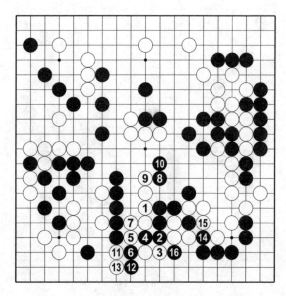

图 10－18

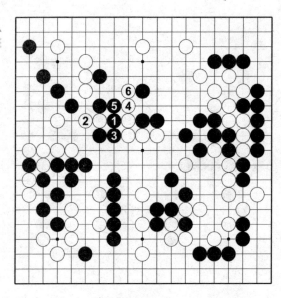

图 10－19

图 **10－19** 黑在1位打，白走2、4、6，借机行棋，黑棋不行，有上当之感。

实战黑棋只有走111打至115止，白准备就绪。

白116如照——

［白110挖太精妙了！赞叹者说这是吴清源精湛棋艺的代表之着。——编者注］

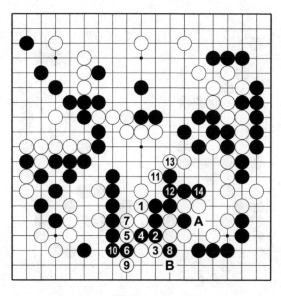

图 10-20

图 10-20 在 1 位接,黑 2 以下到 14,白棋不行(此后白 A、黑 B,白少一气)。

因此白 116 是手筋,下一步就要在 117 位接。白 118 先走一着,是否好是有疑问的。

黑 121 如在 122 位长,则白 121 位、黑 D、白 E,这样是两分。由于黑走 121,白走 122 转换。

第四谱 25—101
(即 125—201)

图 10-21 白 26 飞后,就颇不容易吃这块白棋。到白 30 为止,白得了相当的地而活,也就挽回了形势,成为白棋有望的局面。

黑 31 是先手。白如脱先,譬如走 96 位是非常渴望得到棋的所在,那么,黑角上就有种种的手段。

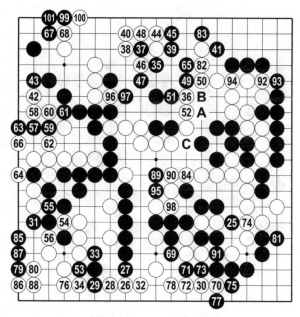

图 10-21 实战谱图

图 10－22 黑即使走 1、3，这样白就不好办，以下白 4 到黑 13 为止，成劫。

因此白 32、34 不可省略。黑 35 好着，因为黑方看到形势靠不住，也顽抗起来。黑 35 是意外的严厉手段。

白 36 关补不得已。如在 37 位长，在上边成地，则黑 A 位，白 52 位，黑 B 位长，即逃出。有了黑 35 一子，就无法擒住。黑 37、39 破了白上边，黑也挽回了形势。

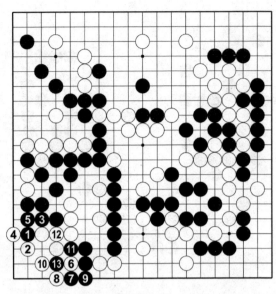

图 10－22

黑 41 不妥当，这着应在 48 位立，把形走定，白走 46 位，黑 44 位，白 47 位，在自卫上是不得已的，然后还有走 41 的机会。由于黑立即去走 41 的大场，被白先手走了 42，再在 44 位立下，就遭到损失。

白 46、48 先手提一子，多少得点便宜。黑 49 靠是补断手筋。白 50 应法错误，意外地遭到损失。

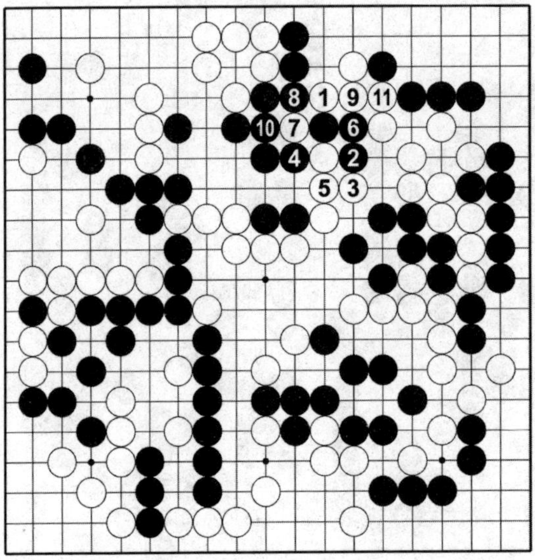

图 10－23 白在 1 位尖才是正应，黑如在 2 位扳，则白 3 虎，以下到 11 的走法较便宜。

这样和谱中到 52 为止相比较，谱中白中腹增加了地域。当时认为相差不大，其实差别很大。中腹的白

图 10－23

地黑走 94 位或者 C 位等,意想不到地减少。如照图 10 - 23 那样走,黑棋不能渡过,上边黑地相差很大,显然白棋胜势。

白 66 后手十二三目。黑 69 收官错误,应在 73 位冲,白 71 位,黑 70 位挡,逼白 72 位接,然后黑在 81 位立,这是最大的官子。

白 70 长,大。黑 71、73 看起来吃到了三子,但落后手并不大。这样白棋局面稍优。白 76 败着!黑走 75 和白走 81 是两者必得其一的所在,为见合的地方,白 76 当然应在 81 位虎,这是先手官子,十分大。

被黑在 81 位曲,白便失去最后的胜机。

第五谱　2—58(即 202—258)

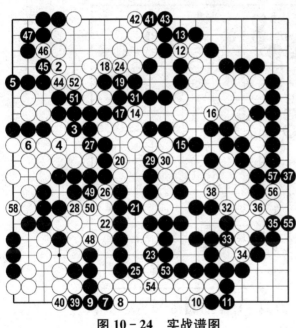

图 10 - 24　实战谱图

图 10 - 24　黑风平浪静地走向胜利彼岸。

[编者按:1961 年,吴清源 47 岁,参加第三次日本最强手决定赛,夺得锦标,锐气未减当年。这是他最后一次光荣之战。这年八月某日下午,他过马路时被摩托车撞倒,全身多处骨折,大脑受伤,后经全力抢救才脱离危险。为此,他疗养了一年多的时间。

经过这一次车祸后,吴清源再想重整旗鼓,东山再起,已经力不从心了。第二年因脑震荡后遗症发生精神错乱,他再次入院治疗很长时间。即使这样,他在 1963 年和 1964 两年的争夺名人比赛中,仍然获得第二名。1965 年第四次名人争夺赛中,他已呈现预势,不能与后起之秀争锋。名人桂冠被他的弟子林海峰夺去。自那以后,日本棋坛的吴清源时代一去不复返。]

第11局 日本第四期名人战

黑方 藤泽朋斋九段 白方 吴清源九段

(黑出五目 共306手 黑胜三目 弈于1965年6月7、8日)

吴清源 解说

第一谱 1—37

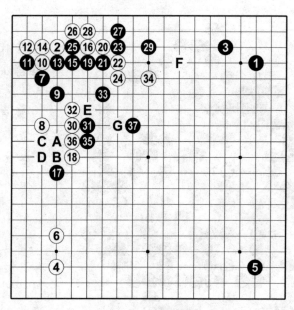

图 11-1 实战谱图

图 11-1 白8二间低夹,黑9尖,以下至白16为定式一型。黑17夹,挑起战斗。白18如按——

图 11 - 2 于 1 位关,黑 2 先手觑后,再走 4、6、8 围攻白棋三子,黑积极主动。

因此谱中白 18 飞象步,姿态生动。

白棋不惧黑 19 于 A 位穿象眼,此时,白于 B 位冲,黑于 C 位立,白于 D 位立,轻巧转身,黑因小失大,白好。

围棋拾贝 1 研究棋,是一种在棋枰上探索人类智慧极限的方式。从理论上,逐渐完美可以诞生名局。

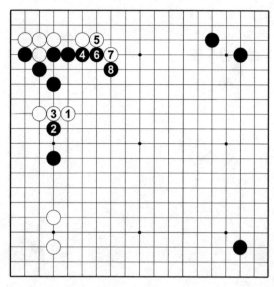

图 11 - 2

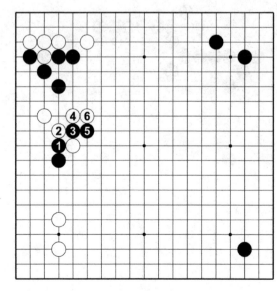

图 11 - 3

图 11 - 3 黑若走 1、3 冲断,则白 4 打、6 长,也可一战。黑要处理两边战线的棋,颇为辛苦。

白 20 长后,黑 21 如按——

围棋拾贝 2 一步棋如果没有给对方选择的空间,在一系列必然着法之后,没有明显的便宜,那这步棋就很值得重新考虑。

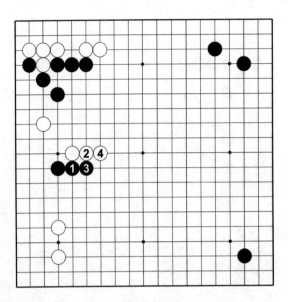

图 11 - 4

图 11 - 4　黑若 1、3 长,则白 2、4 长,头在前面,白好。此时下方白单关角的位置甚好。

白 22 太急。白 22 扳虽紧,但这一着有疑问。在有贴目的情况下,应耐心地于 23 位长方好。黑 23 断,白虽说已有准备,但这一着毕竟是猛烈的。

图 11 - 5　白若 1 位打,则以下 3 立至 7 长,让黑棋爬二线,粗看起来似乎不坏,但黑 8 至 18 渡后,白棋形状意外地不舒畅,甚为无趣。

因此,谱中白 24 上立。

黑 29 拆一后,黑棋在上边可成空。

白 30 关后,黑如于 E 位飞,则白 34 位先手关,黑于 F 位飞,白于 G 位枷,黑棋甚苦。今黑 31 靠是巧手。白 32 如按——

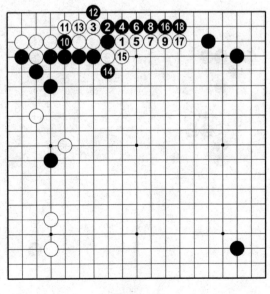

图 11 - 5

176

图 11-6 白于1位扳,黑2断至6长止,如此形状,黑于A位一虎即成活形。

白36实接,使黑两子气撞紧,是本手。

围棋拾贝3 总结技术问题是复盘的第一步,反思对局时的心理活动是由弈入道的必经之路,在心理上能够正确调整、善用情绪而不被蒙蔽,则是人的修行。

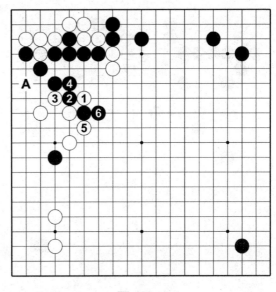

图 11-6

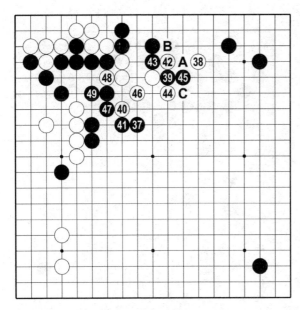

图 11-7 实战谱图

第二谱 37—49

图 11-7 黑37大关,入腹争正面,白38非常难下。最初的下法是于A位飞。

围棋拾贝4 身处其间的棋手,却只能一步一个脚印前行,每一步都是为了自己,为了棋艺的提炼,也为了这个精彩的世界。聚光灯前的冠军固然配得上鲜花与掌声,而那些在棋道上辛苦跋涉的棋士,也同样值得尊敬。

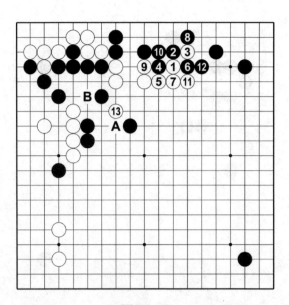

图 11 - 8

图 11 - 8 白 1 飞后,黑如按 2 至 12 应对,则白 13 便可乘虚而入,黑再无应手。黑如于 A 位挡,则白于 B 位切断黑棋,黑腹背受敌,不行。

白 38 的另一着法是准备于 B 位靠进行狙击。

图 11 - 9 白 1 先关,此时黑如 11 位飞,则白 A 位的狙击要点可以成立(以下黑于 B 位冲,白于 5 位双,黑于 3 位长,白于 2 位接)。因此白 1 关,黑 2 应,白 3 靠后,黑 4 上扳战端开始。黑 10 长后,白 11 断,以下成至白 17 的转换。继续下去,黑 18 如于 19 位退,白棋就舒服了。今黑 18 立是好手。白 19 如扳吃黑两子,则黑 20 以下至 26 为止先手弃子封紧白棋后,便转手 28 位拆一。由于能取得先手转占到 28 位,因此黑 18 立是一步好棋,如此转换白棋无趣。

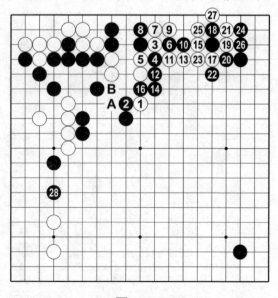

图 11 - 9

178

图 **11 - 10** 对付最初的设想——白1飞之着,黑必须要有决心于2、4跨断进行战斗,以下便走成至8为止的转换。如此白虽能转手占到9的好点,但黑10也是攻击的急处。以下双方至黑20为止的应对,也许是一法。

各种各样的着法考虑到最后,白38大飞了一着。这一步棋,不能否认稍嫌无理。不过白方是想活用黑方40位的这一弱点,进行攻击。黑39反击当然。

白40是狙击的手筋。黑41如按——

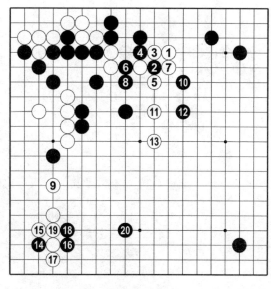

图 11 - 10

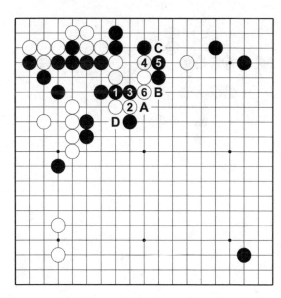

图 11 - 11

图 **11 - 11** 于1冲,白2以下至6挡上,白好。下一步黑于A位断,白于B位曲后,C位及D位两处总可得其一,黑难办。

围棋拾贝5 时光易逝,年龄徒增,棋道何在?后辈已成大器,上一个世纪未能开疆拓土的前辈,就这样变成了过客。

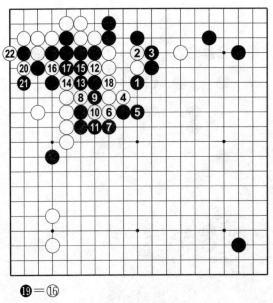

⑲=⑯

图 11－12

图 **11－12** 黑 1 扳来吃白，气势汹汹，白 2 以下至 10 断，与左面黑子对杀，至白 22 为止，结果白快一气吃黑。

因此谱中黑 41 压，只此一手。黑 45 长出，形成复杂的战斗。白棋从这一变化开始，确立了做劫的作战。

白 46 是狙击的要点。黑 47 如于 C 位曲，则白于49 位尖仍是要点。

图 **11－13** 黑 1、白 2，以下至白 8 为止，黑棋的形态颇为讨厌，白成为轻松腾挪之棋。

因此黑 47 只有挡的一着。白 48 如不立即先手冲，将来就来不及走这一着。这一手黑只有屈服走49 忍耐。

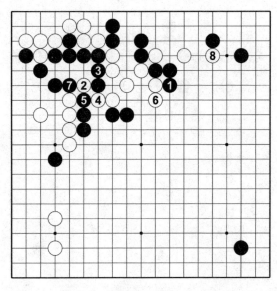

图 **11－13**

第三谱　50—100

图 11 - 14 白 50 如于 69 位接无理，则黑于 66 位压，很显然下一步黑有 58 位觑，白于 59 位接，黑于 56 位枷的手段，上下两处白棋不能兼全。归根到底是白棋的腾挪不免有些无理，但是要腾挪也只有如此。

白 54、56 强力作战，黑 57 打，白 58 做劫，以此顽抗。白 64 先手打好（此处直接与劫有关，不是劫材）。白 66 接后，劫更大了。至黑 71 为止的转换是必然的

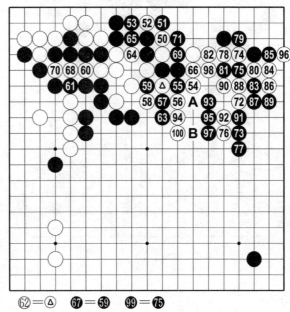

㉒=△　㉗=59　99=75

图 11 - 14　实战谱图

结果，这一转换黑稍有利。

白 72 失当，此手必须远一路下于 91 位。

图 11 - 15 以后黑 2 如攻，则白 3 飞，姿态颇为舒适。黑 4 尖时，白 5 以下至 13 为止，是容易走安定的形状。

围棋拾贝6 遇强不弱，遇弱不强，这种情况对于一位棋手来说，无外乎是其实力存在短板，抑或心理因素的影响——冲破心魔，平常心是道。

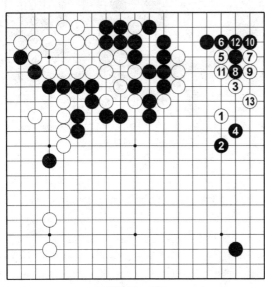

图 11 - 15

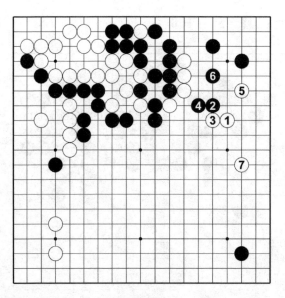

图 11 - 16

图 11 - 16 黑 2 肩冲,白当然放弃上方四子,至白 7 为止在右边成空,如此白棋好。

实战黑 73 是猛烈的一着。对白 74,黑如于 79 位应,则白于 80 位先手扳,黑于 85 位立,白再于 95 位飞,棋就成形了。今黑 75 扳,迎头痛击,又是严厉的一着。

由于黑 75 一扳之后,白棋便不能做轻巧的腾挪,完全陷入了进退两难的战斗中。白 80 断,浑水摸鱼,

黑 81 至 89,丝丝入扣。白 90 虽然吃到两子,但仍不是眼位。黑 93 夺去眼位,白棋痛心。

白 94 如于 A 位接,则黑于 B 位飞,白棋非但走不出去,而且又没有眼,相当危险。黑 95 是最严厉的攻击之着。白 96 扳的意思是——

图 11 - 17 黑如走 1、3、5,白 6 便可逃出,是在做使黑棋得不到 A 位的先手的工作。再黑不走 1、3、5 而于 B 位长,经白 C、黑 D、白 E 长后,角上含有一先手眼。

白 100 如按——

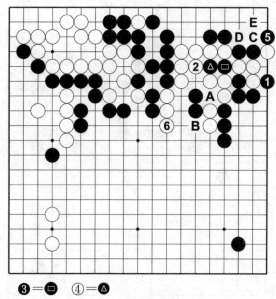

③=□ ④=▲

图 11 - 17

图 **11－18** 白于 1、3 滚打，再 7 冲，假如能吃到黑子就好了，可是从黑 8 扳到 18 断为止，对杀白棋差一气。

围棋拾贝7 年过五旬的吴清源，毕竟是从十几岁便蜚声棋坛的天才，以一名棋手的状态抛物线，应该是已经进入了下滑的区间。天道酬勤，惯性让他的状态多保持了几年。

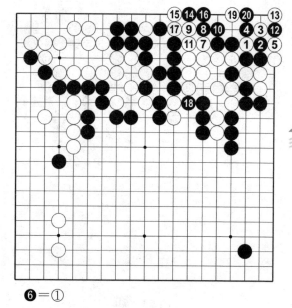

❻＝①

图 11－18

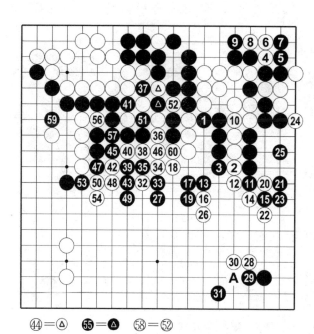

㊹＝△　㊻＝△　㊽＝㉒

图 11－19　实战谱图

第四谱　1—60（即 101—160）

图 **11－19** 黑 1 断，白 2 冲，双方展开了巷战。白 4、6、8 是苦肉计。黑 11 失掉机会，此手应于 12 位挡。

围棋拾贝8 伴随成绩进步的是心理成熟，而这种成熟，或许真的需要时间积淀，随着年龄增长才能出现——毕竟不是每个人都能低龄早慧的。

183

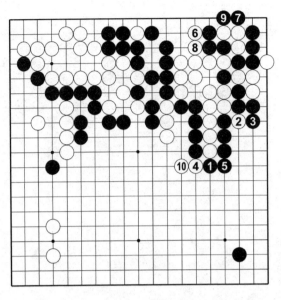

图 11-20

经典珍藏

图 11-20 黑1挡，白2、4断，黑5不能省，白6、8伸气后再10长，如此对杀白胜。

图 11-21 可是黑1挡，白2、4、6时，黑有7打的一着。白8如15位长出，则黑于9位打，由于白棋不能于A位断，因此，白8除吃黑三子之外别无他着。接下去黑有9到13盘渡的巧手，白14做活甚难受，黑15一提之后，不仅成为绝大的厚势，而且角中还得空五目，盘渡也是先手。

实战白12冲出，鱼归大海。至白26长，重振旗鼓。黑27是攻防的要点，白28肩冲先走畅大棋。

黑31如于48位围，中腹可以安宁无事，然而白便走A位曲的好点。白32飞出动，黑33、35冲断，短兵相接。

黑37如于46位打，则白于52位提成大劫。如果白棋劫胜于60位提后，下一步再于39位打，左上方的大块黑棋就有危险，因此黑棋不能轻举妄动，此劫白轻黑重。白40如于△位提劫，黑即于40位接，白虽可再于52位提而打劫，但左

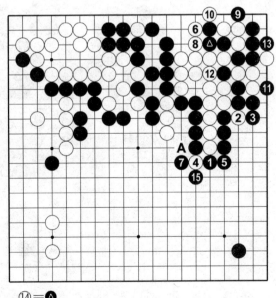

⑭＝△

图 11-21

184

方的黑棋已经坚实,黑棋舒适,并不惧怕。

白48如于52位提劫,则黑即于53位挡,仍然是黑棋舒服。而且白不得不再费一手于60位提,白棋不行。

第五谱　61—120(即161—220)

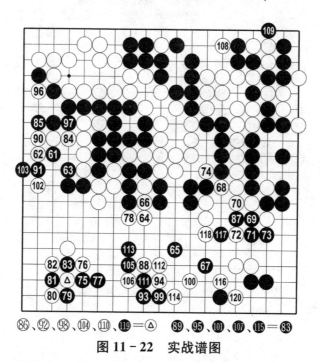

㊏、㊒、㊙、⑩④、⑩⑩、⑪⑨＝△　89、95、⑩①、⑩⑦、⑪⑤＝⑧③

图 11－22　实战谱图

图 11－22　打劫的结果,黑61夹做了转换。

白虽基本上达到打劫的目的,但白棋左边的地盘被破,并且六子被擒。因此,打劫的结果黑并不损。

对白68,黑如于74位接,白于87位虎,大块棋便走好。此时黑棋如来117位觑,白于118位挡,对准旁边黑棋薄弱环节予以还击。

黑69打、71长,放弃腹中五子,扩大右边并不损。黑75是预期已久的大场。黑棋转占到此处,优势在黑甚为明显。

白78如于79位立,则黑于105位围,着法简明。可是目前白棋居于劣势,因此白78先曲,黑79扳后,白80扳挡,利用左边的劫材进行顽抗。

白88打入是胜负手。黑93二路飞,边打劫边周旋。双方变化至白

120,形势转换。

第六谱　21—106(即 221—306)

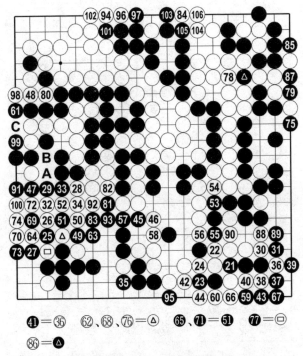

㊶=㊱　㉒、㊳、㊆=△　㉖、㊁=㊶　㊆=□
㊏=△

图 11－23　实战谱图

图 11－23　黑 21、23 是黑棋的先手权利。对白 28,黑如不应,白于 A 位上立,黑 B 位接,白再于 33 位封,黑于 C 位扳,白先手收紧黑气,甚大。

黑 31 应于 36 位立,方是正着。黑 35 曲,约为十五目的大官子。

白 36 切断至 42 止,收获极大,这也是黑 31 留下的隐患。白 50 之前应走掉白 61 位,黑 C,白 98,黑 99 的先手后,再 50 位双。

黑 61 立是大着,此手约为五目。如果白棋走到 61 位,只不过稍微缩小一些胜负的距离,仍不能反败为胜。

围棋拾贝 9　可以说,围棋是一种能够部分反映人生观的竞技,技术、心态、体能、意志、棋力,这些都可在互联网上练习、升华,但生命的厚度、文化积累却只能一分一秒地进行。

第12局　日本第四期十段战

黑方　桥本昌二九段　白方　高川秀格九段

（黑出五目半　共215手　白胜半目　弈于1965年9月10、11日）

吴清源　解说

第一谱　1—52

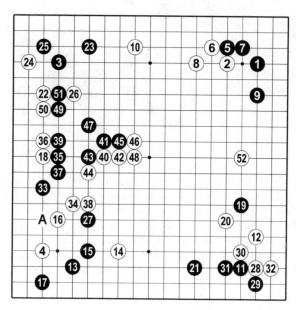

图 12 - 1　实战谱图

图 12 - 1　对付黑1,白2马上就挂,表示抱有战斗的意志。黑5还原成普通布局,至白10拆是定式。白26关追求效率。黑27跳出,冷静。

白28到32,把这块棋整理好,因为这块棋安定之后,白14这一子就不怕受到攻击。黑33打入是好手。

白34是煞费苦心的一着。此着白若在37位尖,则黑A位托,很容易腾挪。可是至黑37、白38时,白并不满意。但黑39压,却是坏棋,这步棋假如在40位大关,恐怕形势对黑有利。白40镇,是双方必争的最好点。

黑 41 碰,虽抱有死战的决心,但到 51 为止,中腹白棋的势力非常厚壮,右边 52 的大场又为白棋所占,白棋已得优势。

第二谱　53—107

图 12 - 2　黑 53 以下,反攻白棋,准备死战。白 58 飞轻灵。

白 66 假如在 A 位虎补,局势可以认为白好。白 66 关封,是白方的误算,最后到黑 73 时,以为可以——

图 12 - 3　白 1 切断,封头收紧,但黑有 8 曲、10 长的着法,将来还留有 A 位断吃、B 位挖的祸根。

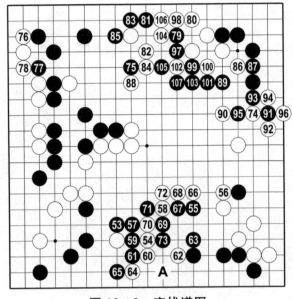

图 12 - 2　实战谱图

白注意到这些不利,故改变办法走 74,可是这样一来,下边白棋弃子太多,局势变为黑好。黑 75 镇,是个好点。

白 76 倘若在上边应一手,就要输。白 76 长,实利颇大,上边只好置之不理。

黑 79 攻入到 88 为止,大体上是必然的经过。黑 89 手筋。黑 99 也有另一种着法。

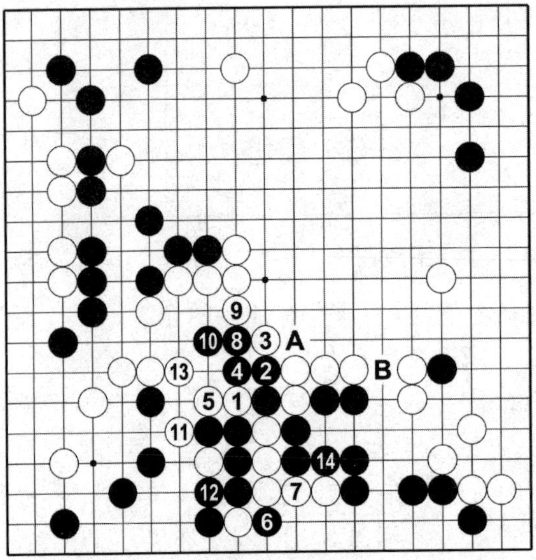

图 12 - 3

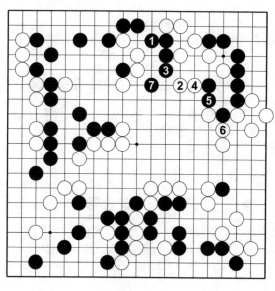

图 12-4

图12-4 黑1也是一种下法,但要考虑白2以下至黑7的演变,这样下也许白会感到困难。

围棋物语 从某种程度上说,作为一名旅日棋手,生活在那个时代,多少有些不幸。曾经的"日本第一""天下称霸"已经成为过去。现在,不论你在国内棋坛如何呼风唤雨,都躲不开国际比赛,躲不开中日韩棋手的交锋。

第三谱 8—47
(即108—147)

图12-5 白8扳时,黑9走得太坏,甚至可以称为败着。黑9应在10位老老实实地接,白非在A位补一手不可。白16尖顶,防黑在27位刺后切断。

黑19、21夺去白的眼位。白24挖也不甘示弱。黑27到白28断,虽属必然,但28照——

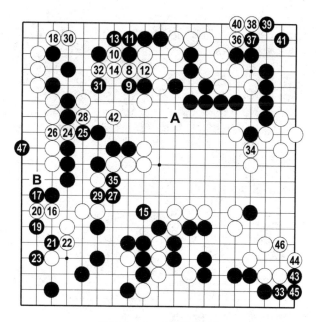

图12-5 实战谱图

图 12-6 白 1 双,试黑应手,也是一策。黑若 2 位断,以下演变到白 5,留有 A 位的劫。黑若 A 位粘,则白也有 B 位扳后双方对杀的用意。

可是实战白 28 的转换,也并没有不满意的地方。白 34 应在 35 位接,先手便宜,方为妥善。

白 42 先手在 B 位尖顶,才是对的。白 42 补,也许并非必要,可能是优势下的缓手。

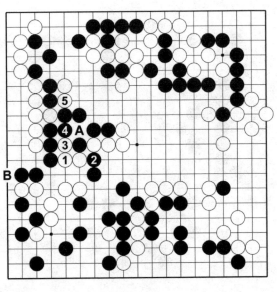

图 12-6

第四谱　48—115
(即 148—215)

图 12-7 这时白棋已操胜势,进入最后的收官阶段。但白下出了缓手,结果,接近终局的时候,出现形势逆转的场面,白棋几乎要输了。

白 72 上扳是坏棋,应该走 74 位,白 74 不可省略。黑 75 至 77,严厉地走完后,白 72 一子完全不起作用,而且 83 的官子也为黑棋所有。白 78 是坏棋。

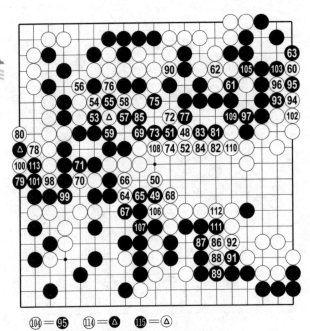

⑩=㊽　⑭=△　⑮=△

图 12-7　实战谱图

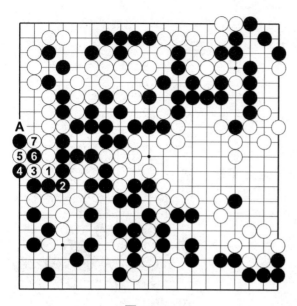

图 12 - 8

图 12 - 8 白应走 1 至 7 的定型。以后黑若 5 位粘，则白 A 位是先手；黑若脱先，则白提黑 6 一子是先手便宜。与谱中的结果，相差很大。

黑 85 应走 90 位的逆官子（先手三目），颇大。假如那样下，也许一变而为黑胜。

实战白抢到 90 位的官子后，棋局胜负极细微，最后高川险胜。

夫　人（二）

那时，吴清源经常参加在日本的宗教活动。当时有位宗教负责人名叫峰村教平，他和喜多文子老师也认识，所以，峰村先生就把自己的一个远亲作为对象介绍给吴清源。峰村先生的这位远亲就是住在东京中野的中原健一先生的长女，名叫和子。那时和子正在读东京女子高等师范（现在的御茶女子大学）。因为当时学校的规定有一条是"女学生必须是未婚"，所以和子就中途退学和吴清源结婚。

结婚仪式于 1942 年 2 月在明治纪念馆里举行。介绍人是喜多老师夫妇和萱野长知先生夫妇。萱野先生以曾经支援孙中山的革命活动而广为人知。结婚时吴清源 28 岁，和子 20 岁。

附　　录

一、长　生　劫

附图1-1　长生劫1：黑5飞攻,以下至白12断,与山部俊郎与坂田荣男实战相同,黑13打定型,黑29断制造劫材,黑35提劫,以下至黑37打——

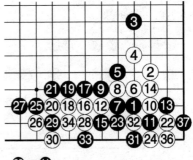

③⑤ = ⑪

附图 1-1

附图1-2　长生劫2：白38提劫,白39送吃找本身劫,绝妙,白40非提不可,黑41返提劫——

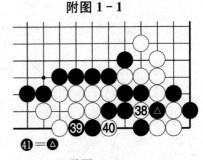

㊶ = △

附图 1-2

附图1-3　长生劫3：白42扑进送吃找劫材,黑43提两子,白44提劫。这样反复循环,无休无止,于是长生劫就出现了。

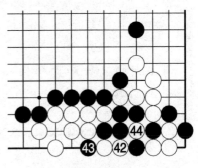

附图 1-3

二、变形妖刀

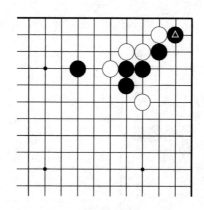

基本图(白先)

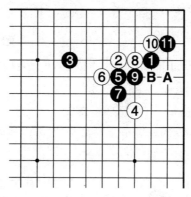

形成图

形成图(大体是手筋)

黑 11 连扳是诱白后退的变着定式。白只有算度深准方能不为所乘。过程中次序重要,但最要紧的是保持冷静。

黑 11 走 A 位虎是基本定式,近来 B 位接也常被采用。

附图 2 - 1　圈套一:白1、3吃黑子最糟,黑6、8打,先手封锁。黑10后白中央二子呈破碎之形。

附图 2 - 2　圈套二:白1虎,忍让。黑2、4补形状好。白7的出头也只能凑黑扩大右边。

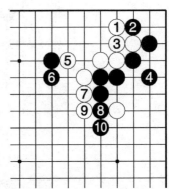

附图 2 - 1　　　　　附图 2 - 2

附图 2 - 3　圈套三:白1、3反击,但黑4、6活角后,对黑中央三子,白无有力后续手段。本图仍是白中圈套之形。

黑4可A位断。下面,先就此加以解说。

附图 2 - 4　圈套四:黑4断时,白如5打、7虎则中圈套,黑先8、10后,再于A位补即净活,白因气紧,难以腾挪。

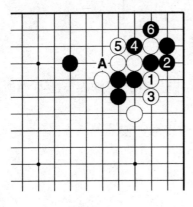

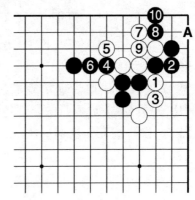

附图 2 - 3　　　　　附图 2 - 4

经典珍藏

附图 2-5 解着一：白 7 立、9 虎是抵抗的手筋。黑 10 扳，必然。

附图 2-6 解着二：白 1 接，诱黑 2 长是正着。白 1 如于 4 位接，则黑 7 位跳后，角上成劫，白外势也处下风。

黑 4、6 整身自备，黑 8、10 是一般分寸。黑 12 后，白可于右边开拆，大体是两分局面。

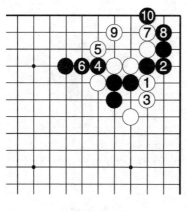

附图 2-5

附图 2-6

附图 2-7 解着三：如对前图两分局面尚不满足，白可 1 打、3 尖顶，黑 4 长，白 5 退后，以下变化次序非常复杂。

附图 2-8 解着四：白 1 非长不可，黑 2 时白 3 挡，诱黑 4 曲后，白 5 拐、7 曲，黑 8 欲攻白五子，但……

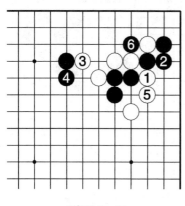

附图 2-7

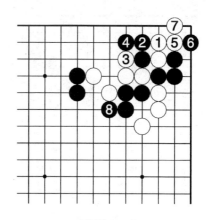

附图 2-8

附图2-9　解着五:白1曲后,上下两劫必得其一。对黑2、4的劫,白如马上于A位打,则黑提劫后,白无劫材。白5、7先紧气是为制造劫材,黑如B位应,则白因有C位的劫材,便可于A位打。

附图2-10　解着六:附图2-8中的白3如改为于本图1位夹则可避免复杂的次序,黑2打,黑8接,白擒三子,孰优孰劣,不言自明。

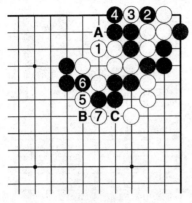

附图2-9

附图2-10

附图2-11　外势占优:下面再补充几种变化。

白3时,黑如4位打,则白5罩后,黑△三子难以活动。

附图2-12　弃子渡过:(续附图2-7)白1打、3尖时,黑4、6可弃子渡过。白绝无便宜可言。

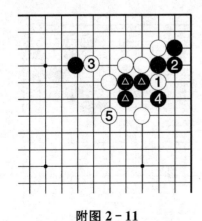

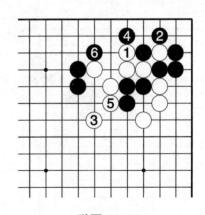

附图2-11

附图2-12

附图 2–13 竞相弃子：前图黑如先于 4 位冲，黑 6 时，白也许会 A 位粘，弃三子。对黑 6，白如 B 位提，黑 A，白接，黑 C 对攻，白失败。

附图 2–14 枷：白 1、3 时，黑如 4 位保角，则白 5 先手打后，再 7 位枷，恰到好处。白便可封锁附图 2–12 黑的手段。

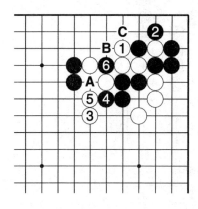

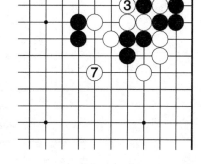

附图 2–13   附图 2–14

附图 2–15 味道不同：图 2–8 中黑 8 如于 1 位长，则白 2 长成转换。黑 3 如 4 出头，则白可 A 位曲。黑被吃的三子毫无作用，且黑须再落后手自补，以防白 A 位曲。白优自明。

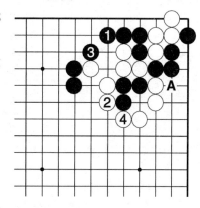

附图 2–15

197

三、大斜变招

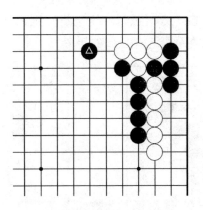

基本图(白先)

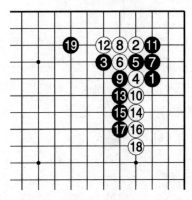

形成图

形成图(宽封)

大斜是变着定式中最复杂难解之型。要想平稳过关,需注重平日的研究积累。

黑13至17连压右边已先损。黑19飞,能否立刻得到补偿?

198

附图 3-1　**圈套一**:白1打,看似可简单出头。黑4压扩大势力。白9长以前走5、7是先手得利的次序。

附图 3-2　**圈套二**:有了黑⚫,黑可1、3封白,白4、6连扳做劫为腾挪的手筋。作为劫材,白10冲虽看似必然,但……

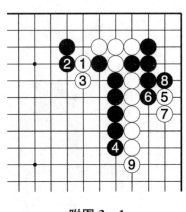

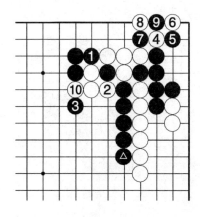

附图 3-1

附图 3-2

附图 3-3　**圈套三**:黑1不在A位提而扳是解消劫争的好手,白2出头后仍被攻。

附图 3-4　**圈套四**:白如1、3空提一子,则黑4封,白5、7做劫。白11扳寻劫材看起来比附图 3-2为优,但……

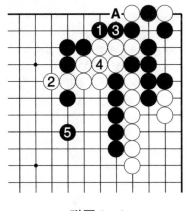

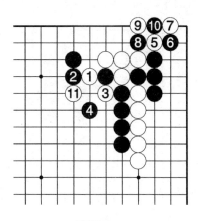

附图 3-3

附图 3-4

附图 3-5 圈套五:黑 1 托仍然成立,白 2 后黑 3 断,白 4 提劫时,黑尽管 5 接、7 挡。以后白大概只有 A 位找劫,但此着并不可怕。白 2 如走 5 位,则以下黑 B、白 2、黑 3 断,白不行。

附图 3-6 圈套六:角上打劫时,白如于 1 位冲寻劫,则黑 2 拔后,白整体仍是无眼外逃之形。

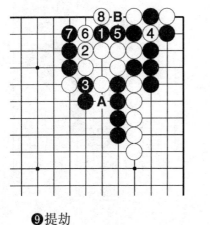

❾提劫

附图 3-5

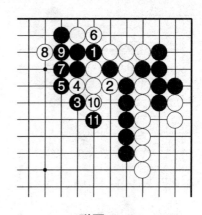

附图 3-6

附图 3-7 解着一:白 1、黑 2 交换后,白 3 托是先手得利的次序。以后将会看出它的巨大效果。

附图 3-8 解着二:黑 1、3 如仍封锁,则白 4 后,6 位退成先手。

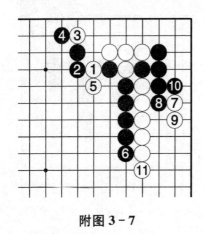

附图 3-7

附图 3-8

附图 3－9　解着三：白1、3 意在使黑中央留下味道，确保5、7 位做活，以后黑 A 时，白切不可忘于 B 位退让做活。

中央黑被分断，随着以后战斗的推移，白必将多有收益。本图互为两分之型。

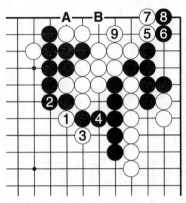

附图 3－9

附图 3－10　前后次序：白5 出头后，黑10 如于角上尖，则白因右边是活棋，故抢先于 11 位曲。

附图 3－11　右边活棋：白1 托、3 打时，黑4 位压瞄着10 位封。黑8 防白借劫腾挪。因以后有白 A、黑 B、白 C、黑 D 的定型，故本图白9 扳是棋形。

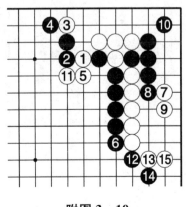

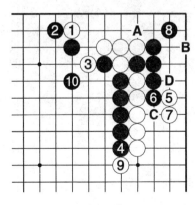

附图 3－10　　　　　　　　附图 3－11

附图 3－12　缓封：(续附图 3－7)黑3 意在封白，黑7 时白8、10 毫不退让，与附图 3－8、附图 3－9 相比，结论须由周围情况而定。

附图 3-13　劫材问题:黑如不做前面几着的交换,径于 1 位封,则白 4 位先于外侧制造劫材再 14、16 做劫,很充分。

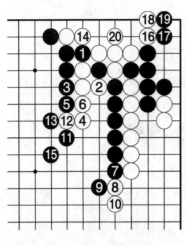

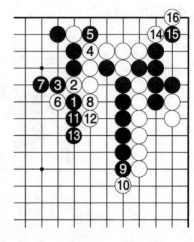

附图 3-12　　　　　　　　　　　附图 3-13

附图 3-14　杀气:附图 3-9 中黑 8 如于 1 位扳,则被白 2 曲占得急所,黑气短。即便能吃白△五子,也已无关大局。

附图 3-15　当初:基本图中黑 1 如再压一手,则白 2 长右边已得利不少,以后或许可在 4 位托简单求活。

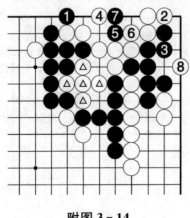

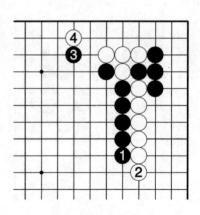

附图 3-14　　　　　　　　　　　附图 3-15

四、盲点之光

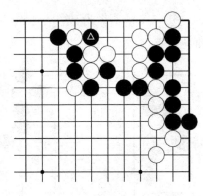

基本图（白先）

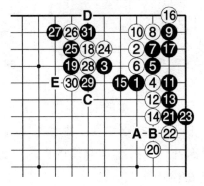

形成图

基本图（强吃一子）

黑▲吃是一种如对方不上当，就自行崩溃的决战型变着定式。为此，更须具备应付因复杂杀气而产生的种种难解型的实力。

形成图（保留窥）

黑做 A、B 交换后再于 23 位立是正常次序（此时如不交换，将隐藏许多复杂变化）。黑 31 于 C 位长，白 D、黑 E 是定式，如对此攻防缺乏自信，则白 24 可于 26 位尖避免此变化。

附图 4 - 1 圈套一:白 1 位曲宽气,3 位打均属必然。对白 5 的封,黑可简单逃出。

附图 4 - 2 圈套二:黑 1 夹是不做形成图 A、B 交换时的伏击手段。白 2 如尖,则黑 3、5 安然逸出。

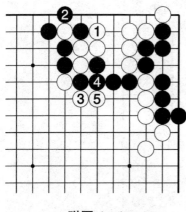

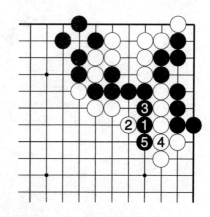

附图 4 - 1

附图 4 - 2

附图 4 - 3 圈套三:对白 2、4 的封锁,黑 7 挖问应手,以下至黑 11 跳出,白无法封住黑棋。白 8 如于 9 位打吃,则黑于 13 位曲即可逃出。

附图 4 - 4 圈套四:白 1 并,也难封住黑棋。白 3 尖时,黑 4 碰恰到好处。黑 10、12 手筋,黑破网而出。

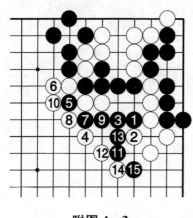

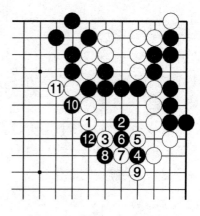

附图 4 - 3

附图 4 - 4

附图4-5　圈套五:白3封时,黑从4位扳,白5断,至黑14成征吃。此时可暂且视为黑征子有利。

附图4-6　圈套六:白5粘,黑6粘,至黑20仍然是征吃。其中白15如A位长,则黑B位长后因有15位扑吃白的手段,故是先手。

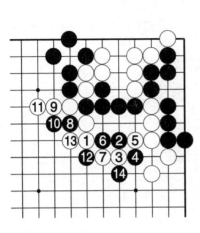

附图4-5

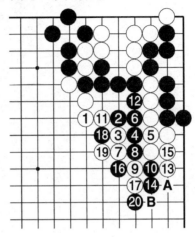

附图4-6

附图4-7　圈套七:白1飞是手筋。但黑2挖锐利,白3如长,则黑6跨出成立。

附图4-8　圈套八:续前图,白1如马上冲,则黑2、4、6皆是手筋,白7如欲救三子,黑8以后成征吃。

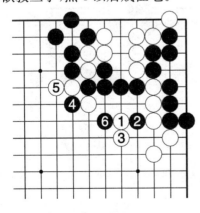

附图4-7

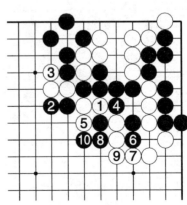

附图4-8

附图 4－9　白的抵抗：白1先曲问应手是次序。黑4时白可5位扳抵抗，前图4－8是征吃已不成立。

黑2如A位长，则白2打后成大体两分的转换。

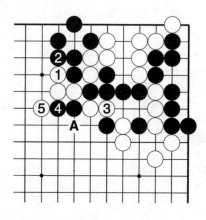

附图 4－9

附图 4－10　解着一：白1、3必然，白5位尖，简明打破黑欲吞白的企图。

附图 4－11　又入圈套：黑3长时，白4扳又入圈套，至黑11，因黑A是先手，故吃白三子与出头，黑必得其一。

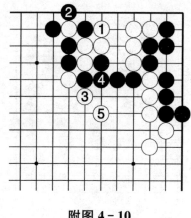

附图 4－10

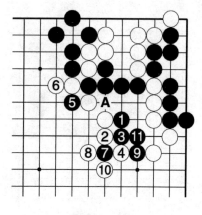

附图 4－11

附图 4－12 解着二:白4平易地退是正应。黑5时,白6必要,黑7如A位扳,则白B位断后,黑无后续手段。

附图 4－13 解着三:白1起简单紧气,即一气胜。

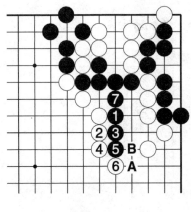

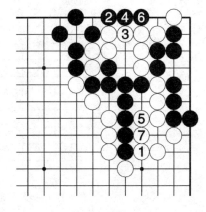

附图 4－12   附图 4－13

附图 4－14 夹——抵抗:黑2夹后的变化或许有些复杂。白3如跳封,至黑8,白如A,则黑B即可突出重围。

附图 4－15 解着四:白3并,防止了黑在A位方面的一切借用,黑终于无计可施。

白3并是一个不易发现的要点,为隐形盲点。

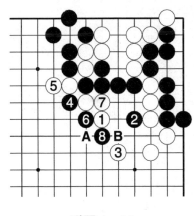

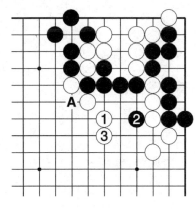

附图 4－14   附图 4－15

五、海底捞月

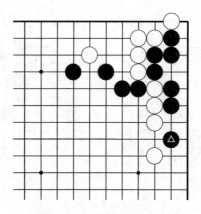

基本图(白先)

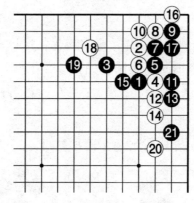

形成图

基本图(意外有力)

在短兵相接之际,黑 △ 二路跳看似平庸无谋,实则伏有严厉的后续手段。以后即使白应付得当,也可形成大体相当的局面。

形成图(针锋相对)

白18先宽气,白20意在先手定型。此时黑21反击。

附图 5-1　**圈套一:**白1接厚,但正中圈套。黑右边已活,故可转手攻击上方白棋。

附图 5-2　**圈套二:**白1点时,黑可2、4位做活。白1如2位冲,则黑1位做眼亦活。此处黑如成活,则白上边即死。

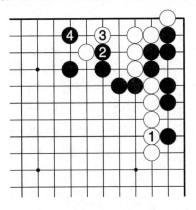

附图 5-1

附图 5-2

附图 5-3　**跳的作用:**白△跳,期待着黑1、5位做活后于上边6位补。白如径于6位补,则黑有4位顶的手筋。现白△防患于未然。

附图 5-4　**互设陷阱:**白1冲试应手是次序。黑如2位渡,则白3扑,黑顿失活形。以后黑A提,白B接。黑杀气明显不够。

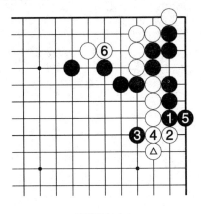

附图 5-3

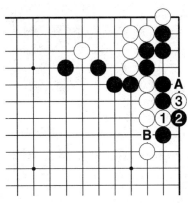

附图 5-4

附图 5-5 黑的抵抗: 黑 2 冲、4 曲抵抗。白如 A 位立,则黑 B 位断,白崩溃。

附图 5-6 白的抵抗: 因此,白 1 位扳诱黑 2 断后,再 3 位接抵抗。但黑 4 做活后,白稍不利。

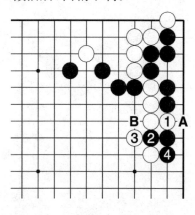

附图 5-5

附图 5-6

附图 5-7 互逃:(续前图)白 1 只得回到上边守。被黑 2 提一子,实难甘心。以后虽是黑、白互逃,但白棋形嫌薄。

附图 5-8 被纠缠: 附图 5-6 中白 3 如 1 位虎,则黑有 2 扑、4 打的手段。

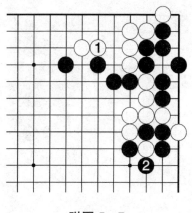

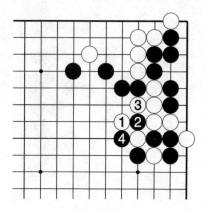

附图 5-7

附图 5-8

附图5－9 **效果更高**：白1接，经黑2、白3交换后，白形滞重，黑4提较前图更具威力。

前图白1虎无趣。

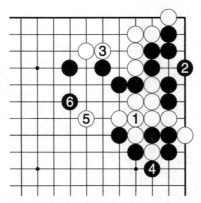

附图5－9

附图5－10 **自补**：黑2、4后，白5整身自备。为防白A位点，黑6渡不可省。白7、9时，黑8、10爬不得已。

附图5－11 **黑杀气负**：前图黑10如于1、3位攻白，至白8，黑杀气失败。

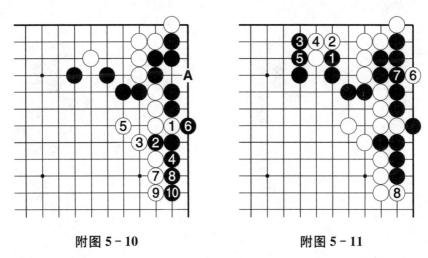

附图5－10　　　　　　　　附图5－11

附图5－12 **中腹战**：白1自补是时机。黑2扳后，白3、黑4皆自补。以后进入中腹战。

本型结论须由黑2扳的价值而定。

附图5-13　无理:黑4挡无理。白5、7先冲断,再11、13位做活。黑外侧支离破碎。

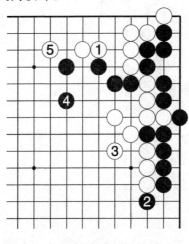

附图5-12 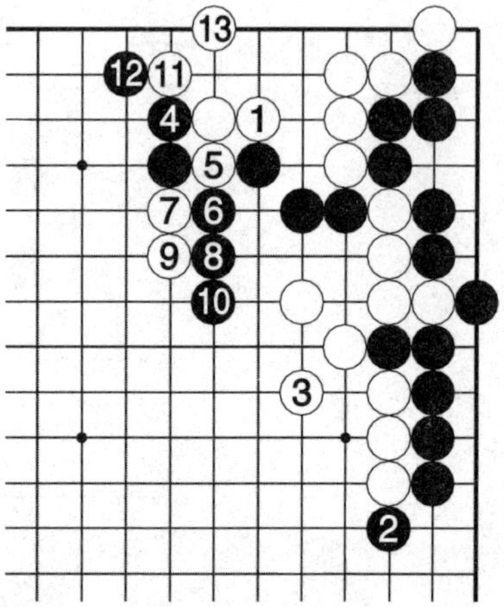　　　　　　　　　　附图5-13

附图5-14　过分:白如径于3、5位冲断,嫌过分。黑6简单一长,白顿呈薄形。

附图5-15　一例:(续前图)白如1位压,则黑2至8步调好。白1如A位长,则黑B位跳,充分可战。

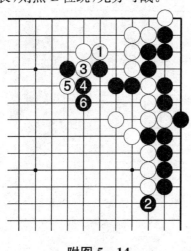

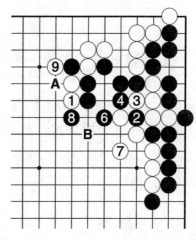

附图5-14　　　　　　　⑤粘

附图5-15